这也是"オレンジ色"的
一种吗？（本书第7页）

法国的"黄色的信封"（本书第16页）

"太阳是黄色的，樱桃是红色的"
（出自法国的绘本。本书第22、第30页）

正在啃绿色苹果的孩子(出自法国的绘本。本书第22页)
© Librairie Larousse, 1981

| 新加坡 | 土耳其 | 巴基斯坦 |
| 马来西亚 | 马尔代夫 | 阿尔及利亚 |
| 科摩罗 | 毛里塔尼亚 | 突尼斯 |

画着蛾眉月的国旗*(本书第37页)

*注:本书初版于1990年,此处的国旗为这些国家当时的国旗。

《拉鲁斯百科全书》中蝶和蛾混在一起的插图(本书第37页)
© Librairie Larousse, 1963

六色彩虹的壁挂（本书第56页）

引发热议的六色彩虹的邮票（左下）及其他邮票（本书第65、第76页）

立在莫斯科郊外公园的牌子（本书第64页）

they
# 日本语和
# 外国语

[日] 铃木孝夫 著

皮 细 庚 译

华东理工大学出版社
·上海·

图书在版编目（CIP）数据

日本语和外国语：汉文、日文／（日）铃木孝夫著；皮细庚译. — 上海：华东理工大学出版社，2024.1
　ISBN 978-7-5628-6687-9

Ⅰ.①日… Ⅱ.①铃…②皮… Ⅲ.①日语－文化语言学－通俗读物 Ⅳ.①H36-49

中国国家版本馆CIP数据核字（2023）第191700号

NIHONGO TO GAIKOKUGO
by Takao Suzuki
@1990 by Takao Suzuki
Originally published in 1990 by Iwanami Shoten, Publishers, Tokyo.
This simplified Chinese edition published 2024
by East China University of Science and Technology Press, Shanghai
by arrangement with Iwanami Shoten, Publishers, Tokyo

著作权合同登记号："图字：09-2021-0228号"

策划编辑 / 王一佼
责任编辑 / 刘　溱
责任校对 / 金美玉
装帧设计 / 王　翔
出版发行 / 华东理工大学出版社有限公司
　　　　　地址：上海市梅陇路130号，200237
　　　　　电话：021-64250306
　　　　　网址：www.ecustpress.cn
　　　　　邮箱：zongbianban@ecustpress.cn
印　　刷 / 常熟市双乐彩印包装有限公司
开　　本 / 890mm×1240mm　1/32
印　　张 / 6
字　　数 / 170千字
版　　次 / 2024年1月第1版
印　　次 / 2024年1月第1次
定　　价 / 45.00元

版权所有　侵权必究

# 目 录

**第一章　如何用语言描述世界** / 001
　　绪论——通过语言认识环境 / 001
　　一　orange 不一定就是"オレンジ" / 006
　　二　法国人喜欢黄色的信封？/ 013
　　三　色彩词的两种用法 / 017
　　四　绿色的苹果 / 021
　　五　comme une pomme（像苹果一样的）/ 025
　　六　太阳和月亮 / 029
　　七　蝶和蛾 / 037

**第二章　彩虹是七色的吗？** / 044
　　一　语言反映对世界的认识 / 044
　　二　英语词典、百科全书中的彩虹 / 046
　　三　文学、童话、绘本里的彩虹 / 053
　　四　学校教育中的彩虹 / 057
　　五　法语、德语、俄语的彩虹 / 060
　　六　科学家的彩虹、民众的彩虹 / 068

**第三章　日本人了解英国吗？** / 079
　　一　为什么会产生依靠文献的外国文化研究？/ 079
　　二　国际交流的第一步是什么？/ 081

三　英国人绝对不吃的东西 / 083
四　运动会的奖品是现金 / 084
五　脚是阴部的一部分 / 085

# 第四章　汉字不为人知的功能（1）
## ——音读和训读的关系 / 093
一　语义学上的透明性和不透明性 / 093
二　高级词汇和基本词汇的关系 / 099
三　概念的双重语音化和书写的两面性 / 102
四　日语汉字如双面神般的两面性 / 104
五　概念符号的不变性、恒常性 / 118

# 第五章　汉字不为人知的功能（2）
## ——视觉性辨别要素的必要性 / 124
一　对贫乏的音韵、音节构造的补充 / 124
二　对抽象的语义构造的补充 / 132
三　日语利用视觉要素的必然性和优势 / 148
四　对片假名外来语的评价 / 154
五　语言干涉导致日语变形 / 169

后记 / 182

# 第一章　如何用语言描述世界

## 绪论——通过语言认识环境

### 语言的传达功能

　　语言的功能很多。向别人表达自己的愿望，让别人按自己的意愿去行动，都可以通过语言实现。把自己听到看到的事情、想到或思考的事情告诉某人，也是语言的一个重要功能。通常，这个功能被称为语言的"传达功能"，人们往往把这看作人类语言最重要的功能。

　　那么，人类的语言，从其起源来说，是否一开始就是为了人类之间相互传达意志、愿望、期待而发展起来的呢？关于这个问题，虽然不能下论断，但至少在现代人的社会生活中，可以说语言的主要作用就在于这种传达行为（コミュニケーション/communication）。

　　这一点体现在，当前研究语言的学问——语言学，正在以"语法学""语用学"等名义，探索约束语言使用方法的规则，分析语言在现实场景中的使用法则，并且取得了长足的进步。

### 语言的叙述功能

　　然而，语言还有一个功能，在迄今为止的语言研究中并没有受到重视。那就是被称为"叙述功能"或者"描述功能"的功能。语言这种人类的基本活动,就是把世界上所有的现象、事情通过人的头脑变成声音和文字,就像照相机把事物作为影像固定在胶卷上,又像录音机把现实的声音录制在磁带上。

所谓语言,总而言之就是人类认识世界的一种手段,同时也是这种认识结果的证据。令人意外的是,针对这一方面的研究在迄今为止的语言学中是比较少的。我出于个人爱好,对于人类如何运用语言认识世界这个问题很有兴趣,所以就想在这本书里尝试将日语和外语做一番比较。当然,我也不可能把所有的外语都拿来与日语进行比较,只选取了日本人最为熟悉的四种欧洲语言:英语、法语、德语、俄语。

## 红色的太阳、白色的太阳

第一章和第二章主要是从词汇层面进行比较。具体来说,第一章讨论日语与外语在整理和归纳认识对象方面存在的差异。换句话说,就是在对同一性的认知上表现出的机制差异。所谓对同一性的认知,就是识别"什么与什么是相同的,这个与那个是不同的"。

比如,你对日本孩子说:"举一些红色事物的例子来看看。"我想他们会把苹果、血、太阳、金鱼等一个个地举出来。这就是用日语从红色这一颜色的观点整理世界的结果。但是,这里所举的例子,是否在任何一种外语里都被视作红色事物的例子呢?未必就是如此。因为有的语言认为苹果是绿色事物的代表,还有的语言认为太阳是白色的。像这样,对数不胜数的对象进行整理,并归纳同类事物的方式,在不同的语言(文化)中是存在差异的。

## 鞋子和长筒靴

再举一个例子。有"靴/鞋子"这么一个东西(词语)。日本人说到

"靴"，不管是长筒靴还是低帮靴（也就是一般所说的鞋子），或是皮凉鞋，乃至从前的草靴，统统都叫"靴"。不同的鞋所具有的形状、性质、材质等的差异一概都被撇在一边，总而言之全部都被归纳为"靴"。

然而，在英语里，一般的鞋子是 shoe，长筒靴则是 boot，通常是不归入 shoe 的。两者被认为是不同的东西。所以，在很多的词典里，为长筒靴下定义的时候，是不使用 shoe 的。比如下面这样的定义。

**boot**：type of covering for the foot which also covers the ankle (and sometimes also part of the leg).

*Collins English Learner's Dictionary*，1974.

〈踝をも隠す一種の足を覆うもので、時として足首より上までも覆うもの。〉/一种覆盖足部也覆盖脚踝的东西，有时还覆盖到脚腕以上。

多么啰唆的定义！因为不覆盖脚踝的叫 shoe，所以就有了这样的定义。这两样东西，在日语中都属于广义上的"靴"，也就是被归为同类，而在英语里却被看作不同种类的东西。像这样，不同的语言会采取不同的同一性认定基准，从这个意义上来说，东西的数量也就不会是对等的。

而且，有趣的是，日语里还有"はきもの"的说法。这种说法比"靴"的用法还要广，是一个把木屐、草鞋都包含在内的词。然而，令人不解的是，"足袋/（日本式）短布袜""靴下/袜子"按说也是"はきもの"，但通常却不会将其归入"はきもの"的部类中去。

反之，英语里也有一个相当于日语的"はきもの"的词，叫作 footwear(footgear)，而这个词不仅包括鞋子、长筒靴、拖鞋，甚至连袜子也包括在内。就像这样，一种语言用来整理归纳客观世界的某个词，与其他语言中看似相同的某个词之间是存在差异的，有时是明显的差异，有时是微妙的差异。

### 不被察觉的认识法的差异

上述这些区分事物时的认知机制,只要人们用的是同一种语言,往往就不会被人们所察觉。然而,当日语和外语同时出现的时候,双方在文化(语言)上的认识方式的差异,就会使很多有趣的问题浮现出来,有时是以令人困窘的误解的形式出现。

那么,是否可以说,只要两种不同的语言在我们的意识中同时出现,我们就能够察觉到这种认知机制的差异呢?也不能这么说。倒不如说,实际上在很多情况下,即使是多年研究外语或从事外语类工作的人,一般也察觉不到这种差异。

究其原因,大抵是因为人们容易把日语和外语简单地进行对照,并且感觉自己已经懂了。这个问题的一部分要归咎于词典这个便捷的工具。人们记住了"虹→rainbow""犬→dog""飲む→drink",从而觉得两者是对等的、内容相同的,这也无可厚非。而且这也是无可奈何的事,如果不是从两者大致相同的认识开始学习外语,学习就进行不下去。

### 本书的构成

就像前面提到过的例子那样,如果是以现行体例编纂的词典,无论你怎么查阅,有些词都有可能产生误解。第一章首先以几个色彩词为例,探讨了这个问题。然后,围绕太阳、月亮之类的普遍存在的事物,从色彩、价值观等方面去考察不同文化对它们的认识的差异。最后探讨关于蝴蝶与飞蛾的区别的一些问题。

第二章阐明了彩虹这一自然现象在语言文化层面的处理方式的多样性,同时证明了这一事实要为人们所认识是多么困难。

第三章从语言文化的观点探讨日本人对英国人究竟了解多少这一问题。在日本,过去很长一段时间里,人们都认为学习英语的一个重要目的就是了解使用英语的人们的文化。如果真是如此，那么我们学了这么长时间，而且是把英语作为重点来学习，理应已经对英国人的气质、思维方式、人生观等很熟悉了。

然而，我觉得事实未必如此。要想了解外国的文化，外国人对事物的看法、思考方式，就必须以此为目标进行专门的研究，如果不这样，而只是茫然地长期接触外语，是不会有什么效果的。这就是我的结论。

最后是第四章和第五章。迄今为止许多日本人，特别是学者和知识分子在头脑中描绘的西欧发达国家的情形，尤其是语言教育的社会效率，总有些对外国的单相思的味道。而现实情况是，很难说外国做得比日本更好。我会以英语和日语对于双方国民来说的学习难度为焦点进行我的分析。

自明治时期以来，每当谈起阻碍社会近代化的主要因素，总是把汉字这种文字符号视为罪魁祸首。然而实际上，连很多专家都未曾指出的是，汉字有西欧语言所不具备的优点，而且对日语固有的各种弱点起到了一种补强的作用。我会把我这些年的主张尽量简单地归纳在这两章里。

## 教养主义的功效

写这本书的时候，我始终抱着一个想法，那就是：当你阅读外语原版书的时候，如果那是广义上的自然科学性质的文献，你所期待的就是吸收书上写的你不知道的新内容，这样的目的是比较容易实现的；然而，那些人们常常提到的高尚而又抽象的目的，也就是希望通过阅读外语书籍去汲取外国的优秀思想，学习不同的思维方式，这种教养主义的功效，如果仍沿用以往的学习方法，就很难如人们期望的那般达成。

# 一　orange 不一定就是"オレンジ"

## 茶色的车

距今已经十多年了，那年的一月初我来到美国康涅狄格州的纽黑文，在耶鲁大学的语言学系担任为期半年的研究生研讨课程"日语与日本文化"的讲师。

当时的北美据说遭遇了百年未遇的寒流，那天也刮着猛烈的暴风雪。大学虽然离宾馆很近，但根本走不过去。于是我打电话给安飞士国际租车叫了一辆车，对方说10分钟左右就会有一辆橙色的小轿车来接我，让我把衣服穿严实在宾馆门口等待。

我等在玻璃门后，准备好随时冲出去。可是一辆辆车子来到大门口停下又开走，约好的10分钟早就过去了，却没有一辆像是我叫的车。快到20分钟时，我猛然惊觉，离我不远的地方有一辆茶色的车子早一会儿就停在那儿，有个男人似乎也在向这边张望着。我想就是它，赶紧跑过去，果然是我叫的车。让他等了这么久，看得出他有些不开心。我跟他说，电话里说会来一辆橙色的车，所以不知道就是你的车。那人却很平淡地回答我说，这辆车就是 orange。

"啊，原来是这么回事啊！"那一刻，我与其说是惊讶，不如说是惊喜。因为我又解开了一个英语隐藏的秘密。我的眼睛无论怎么看都只能用茶色来形容的这个颜色，在英语里竟然是包含在 orange 的范围里的。

## 传阅颜色样本

几天以后，我写信给制造这款车的厂家，请他们把所有车辆的颜色样本寄给我。结果我叫的那辆车的颜色果然属于一种被称作

tawny orange(接近黄褐色的茶色)的橙色(参照卷首插图)。

我回国后,有一次被某所大学邀请去做演讲。当时聚集了100来位老师,我把那个颜色样本上的颜色名称遮住,请大家传阅样本,判断它是什么颜色并写下来。

大家的回答有"茶色/茶色""赤土色/赭土色""渋色/红茶色""褐色/褐色""チョコレート色/巧克力色""ココア/可可色""セピア/深褐色""レンガ色/砖红色""コーヒー色/咖啡色"以及"ブラウン/棕褐色"等,不一而足,可就是没有一个写"オレンジ色/橙色"的[1]。

后来我仍旧用这个颜色样本做过几次同样的实验,但是"オレンジ色"这个回答一次也没有出现过。很明显,不把那辆车的颜色看作"オレンジ",这不是我个人的特殊偏向,而是反映了普通日本人普遍的颜色分类倾向。

## 我的误解

日语的"オレンジ(色)"这个词,显然是来自英语的 orange。不只是作为一个单词的"オレンジ",摆放在水果店门口的实物如今也很普遍。因此,关于这个词的意义,按说不应该发生误解,可以说这是一个极为简单的词。

何况我长年对英语进行专业研究,在此之前我也多次在英语国家待过,几乎每周都要到超市去买回一袋橙子。就是这样的我,通过这样一件意外的事情,发现自己竟然并没有正确地理解英语的 orange 这个词的意义。我把英语的形容词 orange 理解为与日语的"オレンジ"相同的词,受此影响,产生了误解。

前面我说到,在我看来无论如何都只能说是茶色的那辆车,美国人却说那是"オレンジ",我当时与其说是惊讶,不如说是惊喜。我这么说,是有以下原因的。

## "オレンジ色の猫"

在前面这件事发生之前很久的某一天,妻子拿来阿加莎·克里斯蒂(Agatha Christie)的 *The Clocks*(『沢山の時計』/《怪钟疑案》),给我看了下面一段文章,问我怎么译。

> I looked up at the numbers I was passing. 24, 23, 22, 21. Diana Lodge (presumably 20, with an orange cat on the gate post washing its face), 19…
>
> 「家々の前を通りすぎながら番号を24、23、22、21と順々に見上げて、20号とおぼしきダイアナ・ロッジ——その門柱の上ではオレンジ色の猫が顔を手で洗っていた——も過ぎて、19と来ると……」/我一边走一边抬头看门牌号,24、23、22、21、戴安娜小酒店(应该是20,其门柱上有一只橘黄色的猫正在用爪子洗脸)、19……

这只"オレンジ色の猫"究竟是怎样的猫呢?译到这里,我也不由得犯难了。

众所周知,英国是一个拥有先进的家畜改良技术的国家,出现一些大家想象不到的毛色或形状的狗啊猫啊之类的,那也不足为怪。于是,作为上述问题的第一个答案,我们认为这只 orange cat 应该就是名副其实的"オレンジ色の猫",这样一只毛色珍稀且漂亮的猫在英国是实际存在的。

但是,不管怎么说,这种"オレンジ色の猫",总让人感觉像是《爱丽丝梦游仙境》(『不思議の国のアリス』)里才会出现的猫,是否真的有,我们实在也没有把握。

第二个答案就是:那不是一只真正的猫,而是陶器或水泥制作的摆件,它被染成了橘黄色。但是,这不仅与恬静的英国住宅区的氛围不相匹配,而且猫形的门饰,似乎有点像是稻荷神社的狐狸("お稻荷さんの狐"),实在奇怪。更何况,从原文来看,怎么看描写的都是一只活的猫。

作为第三种可能性,我们想到的就是:用在这里的 orange 这个词,与我们所理解的意义是不同的。也就是说,是某种别的颜色,比如有可能是相当于"三毛猫/三花猫"的茶色那一部分的颜色。我们这样那样地设想着,心里却没有一点把握。查了很多英语词典,也没有任何记载。最终结论就是:搞不清楚!

那时候我们的头脑中想的是日语的"オレンジ色",所以无论如何,我们都没办法把猫跟"オレンジ色"联系起来。

## 浅茶色

后来,我们看到在阿加莎·克里斯蒂的另一本小说 *The Moving Finger*(『動く指』/《魔手》)里也提到了 orange cat,我们得出一个结论:那肯定是猫的一种毛色。但是,关键是在日语里该如何表述,我们还是不清楚。

这件事一直萦绕在我的脑海里。当我听到"这辆车就是 orange"的时候,我豁然开朗:"啊,原来是这么回事啊!"长期的郁闷一扫而空,真的非常高兴。什么 orange cat,没什么大不了的,不就是一只浅茶色的猫嘛!

哑谜一旦被解开,接下来就没什么了不起了。美国某家食品公司的电视广告里,一只装满了橙汁的杯子后面,一头老虎在吼叫。看到这个,我马上就想到:哈哈,英语里老虎也是 orange 色的呀!事实上,在美国的漫画书以及迪士尼的漫画作品等中,老虎总是被描绘成红褐色(也就是 orange)的动物,不像日本的老虎是黄色的。

## 无法理解的翻译

问题出在日本出版的英日词典上。直到现在，对于 orange 这个词条，大部分词典仍只是列举橙子、柑橘、酸橙等水果，作为形容词也只是解释为橙色、橘色、橙黄色。这样的话，日本的英语学习者自然就发现不了英语的 orange 色与日本的"オレンジ色"的差别。我的想法是必须加一条说明："注意，在日本人的眼里只能算作茶色之一种的色彩，有时也包含在 orange 中。"(2) 要不然的话，就会不断出现下面这样无法理解的翻译。

露西·莫德·蒙哥马利（Lucy Maud Montgomery）的"红发安妮"系列小说（「赤毛のアンもの」）深受日本少女喜爱。该系列中有一册是 *Anne's House of Dreams*（『アンの夢の家』/《梦中小屋的安妮》）。其中一段说到了一只不可思议的猫。

> ジム船長はアンのために椅子をすえたが、まずその前に椅子から大きな、みかん色の猫と新聞をどけた。「メイティ、おりなさい。お前の場所は長椅子だよ。……」/ 吉姆船长给安妮放了把椅子，他先把椅子上的一只很大的、橘黄色的猫和报纸挪开。"美迪，下去！你的位子是沙发。……"

这是收进新潮文库的译作。我想：日本读者读到这里，会想象出一只什么颜色的猫呢？想到这里我就会产生一种很奇怪的感觉。

同样的误译（？）在前面提到的阿加莎·克里斯蒂的 *The Clocks* 的翻译中也出现过(3)。原文中多次出现的 orange cat，在译作里被原原本本地译成"オレンジ色の猫"。不管是"みかん色"还是"オレンジ色"，日本人在阅读时脑海里想象的猫，一定是与原作者所看到的猫毛色完全不同的。

## 柿子的颜色

日语的"オレンジ色"或者"蜜柑色",我们后面还要讲到,那是与特定的水果的颜色联系在一起的。然而,英语的 orange 色则不同,可用于表示更加宽泛的、具有一定幅度的色带。关于这一点,通过下面的事实也可以理解。

我在读一本有关果园园艺的英语书的时候,知道了日本特有的柿子树已经在美国和南欧等地作为庭园树木广泛栽种,其果实在各国也很受欢迎。(说到这里,我想起英国剑桥的街道上也有卖柿子的,而且也称其为 kaki①。在有关柿子的说明文章中,又出现了"オレンジ色"这样的表述。

> The tree grows well in any well-drained soil and makes a fine medium-size shade tree... A heavy crop of orange fruit holds on until winter, decorating the bare branches.
> Barbara Ferguson:*All About Growing Fruits*,*Berries & Nuts*, Chevron Chemical Company,San Francisco,1987.
> この木は水捌けが良ければ、どんな土でもよく育ち、中位の大きさの立派な日蔭用の木になる……。オレンジ色の果物がたくさんなり、冬まで落果せずに裸の枝を美しく飾る。/这种树只要排水好,在任何土壤中都会长得很好,能长成中等大小的遮阴树……。橙色的果实挂满枝头,到冬天也不会落下,装点着光秃秃的树枝。

一般的日本人,即使是英语讲得很好的人,恐怕也不会想到用 orange 去描写红红的、熟透了的柿子吧。

---

① 译注:柿子在日语里称作 kaki(カキ)。

## 金鱼的颜色

与之相同的 orange 的用法,还出现在描写金鱼的场合。我们通常说金鱼是红色的,就像童谣里唱的那样:"赤いべべ着た可愛い金魚、おめめをさませば御馳走するぞ/穿着红衣服的可爱的金鱼,等你醒过来,就给你好吃的哦!"但是英语里面似乎更常把金鱼看成 orange 色的鱼。

> **goldfish** : a small usu.yellow or orange fish…
> *The Random House Dictionary of the English Language*, 1967.
> ——— : a small usu.golden yellow or orange cyprinid(鲤科的) fish.
> *Webster's Third New International Dictionary*, 1969.
> ——— : a small orange Chinese carp…
> *Oxford American Dictionary*, 1980.
> ——— : a small usu.golden-yellow or orange fish…
> *Longmans Dictionary of the English Language*, 1984.

不过,以英式英语为主要对象的词典里,也有一些把金鱼说成红色的。比如 The Concise Oxford Dictionary、The Pocket Oxford Dictionary 等写的是 small red Chinese carp…,Collins English Dictionary(1980)里是 type of yellow or red fish…。

这样看来,说不定 orange 这个色彩词的用法在英美之间有些微妙的差异。之所以这么说,是因为前面提到的柿子的颜色,我后来发现在 The Oxford English Dictionary 里出现了把柿子说成红色的例子。

kaki：The fruit of the Kaki... is..., of a bright red colour.(1866 Treas. Bot.)

综上所述，词语的使用方法，往往很难简单地一概而论。总而言之，我们应该注意的是：看见某样东西，日本人不认为它是"オレンジ色"的，而在英语里却有可能用 orange 这个词。

## 二　法国人喜欢黄色的信封？

### "黄色的信封"

从几年前开始，我晚上睡觉前会读一会儿法语作家乔治·西默农（Georges Simenon）[4]的侦探小说"梅格雷探长"系列（「メグレ警視もの」）。据说总共有80多册，我还没有全部读完。我认为要想发现法语的一些有趣的问题，这是最好的读物。

有一次，我发现出现了好几次 enveloppe jaune 这个说法，觉得有点意思。直译的话就是"黄色的信封"。作为一个词组来说，并没有什么特别的地方。黄色的信封在日本也有。但是，由于这个词组多次反复地出现，我不由得有些怀疑：这是不是真正的黄色的信封啊？

后来发生的一件事情，让我发现了一个意外的事实，那就是：这个法语里称作"黄信封"的东西，其实就是日本的"茶封筒/牛皮纸信封"，也就是常用来放材料或传递公文的那种浅茶色的信封。

### "黄色的鞋子"

事情的起因是这样的。我在读 *Maigret et l'homme du banc*（『メ

グレとベンチの男』/《梅格雷和长凳上的男人》）的时候，看到了des souliers jaunes这个说法，也就是"黄色い靴/黄色的鞋子"的意思。这个说法作为一个词组来看，容易一眼带过。然而仔细想想，又觉得有些奇怪。在日本，女性或许有可能穿，男性的话，除非是艺人，一般是绝对不会穿黄色鞋子的。然而在这部小说里，一个极为普通的职员，却穿着一双黄色的鞋子死在那儿。

故事说的是十月下旬某个让人感觉到冬天来临的傍晚，在巴黎的繁华闹市的一个小巷子里，有人发现一个男人背上插着一把刀死在那里。在描写那个躺在地上的男人的穿着时，说他穿着souliers jaunes，那鞋子的颜色与那天的灰暗天色很不相称。

我起先只是觉得法国人里面也有人喜欢穿奇怪颜色的鞋子，就继续往下读。然而再读了一会儿，读到那个男人的妻子和妹妹从郊外的家里赶来辨认尸体的时候，那双"黄色的鞋子"却突然成了问题。妻子在确认死者确实是其丈夫之后，紧接着突然吵嚷起来，说她丈夫穿的鞋子很奇怪。据她说，她丈夫从来没有穿过这种颜色的鞋子，究竟是谁给他穿上去的？

## 浅茶色

且说，这双souliers jaunes，究竟是什么颜色的鞋子呢？这个死去的男人的女儿莫妮克——她现在离开父母住在巴黎市内——来到警局，问题很快就清楚了。

结束了按照惯例进行的一番讯问后，梅格雷探长问了莫妮克下面的问题：

——Encore un mot, mademoiselle Monique. Vous est-il arrivé de rencontrer votre père, à Paris, alors qu'il portait des souliers jaunes?

> Elle ne répondait pas tout de suite. Pour se donner du temps, elle répéta.
> ——Des souliers jaunes?
> ——D'un brun très clair, si vous préférez. Ce que, de mon temps, si vous excusez l'expression, on appelait des souliers caca-d'oie.
> ——Je ne me souviens pas.
>
> G. Simenon: *Maigret et l'homme du banc.*

梅格雷问莫妮克:"你有没有在巴黎看到过你的父亲,当时他穿着'黄色的'鞋子?"莫妮克没有立刻回答,为了拖时间,她反问道:"'黄色的'鞋子?"于是探长解释说:"也可以说是一种浅色调的茶色。"并且补充道:"在我年轻的时候,还有一种低俗的说法,抱歉,我们把那种颜色叫作'鹅粪色'。"

通过这段对话已经很清楚了,souliers jaunes 果然不是名副其实的"黄色的"鞋子,而是一种浅茶色的鞋子。

也就是说,在这里如果简单地照搬词典里"jaune=黄色"的定义来解释的话,那就会使法语原文的意思被严重地曲解。

现在想来,很久以前,在我还是小孩子的时候,日本也曾把男人穿的茶色的鞋子叫作红鞋子。法语里把颜色并不黄的鞋子叫作黄色的鞋子,这就和日本人把颜色并不红的鞋子叫作红鞋子是同样的道理[5]。关于这一点在下一节还要谈到,这里先再次回到 jaune 的问题上来。

### "黄色的"信封是牛皮纸信封

从前面说的鞋子的情况来看,jaune 有时并非指名副其实的黄色。于是我想:如果是这样,那么前面说到的"黄色的"信封,实际上可能并不是黄色的。

于是,我做了很多调查。结果正如我所想的那样,日语里的牛皮纸信封,正是法语的"黄色的"信封的本来面目。

我的同事松原秀一教授听我讲了这件事,就很热心地去找了几个寄自法国的信封,给在日本的法国人看,确认了我说的没错。

后来上智大学的泉邦寿教授又从松原教授那儿听说了这件事,他也证实,他曾经在巴黎的文具店买 enveloppe jaune,店员给他的就是牛皮纸信封。

在本书的卷首插图中,我展示了几个"黄色的"信封的实物,请各位读者站在日本人的角度,看看是否能称之为黄色。

另外,我还查了几本梅格雷探案小说的日语译本,果不其然,enveloppe jaune 全都被原原本本地译成了"黄色的信封"[6]。

## 真的是黄色吗?

莫泊桑(Maupassant)有一篇短篇小说叫作 *Le petit fût*(『小さな酒樽』/《小酒桶》),以诺曼底农村的一个狡猾的农民为题材。书中写到这样一个场面:一个农妇用刀给一筐马铃薯削了皮,然后一个个地放到盛满水的桶里。

> Et, quand la pomme de terre était devenue toute jaune, elle la jetait dans un seau d'eau.

刚削了皮的马铃薯,确实多少有点黄色的感觉。但是,像这样直接称之为黄色,换了日本人的话,我想会有些犹豫。这里的 jaune,好像也不是我们日本人想象中的黄色[7]。

如上所述,我终于知道了法语的 jaune 作为一种实际的颜色并不一定就是黄色。自那以后,每当我在文章中看到这个形容词,就不由得要思索一番。

> C'était un petit pharmacien du Havre, un tout petit pharmacien de quartier, à la boutique étroite et sombre, avec un bocal vert et un bocal jaune dans la vitrine.
>
> G. Simenon：*Maigret et son mort*(《梅格雷和死人》).

比如这段文章,只要译成"ルアーブルの、とある地区のちっぽけな薄暗い薬屋の店先のガラスの飾り窓の中に、緑色と黄色の広口瓶が一つずつ置いてある/在勒阿弗尔某地的一家幽暗的小药店门口的玻璃橱窗中,放着绿色和黄色的广口瓶各一个"就行了,非常简单。但是,我却会想这两个瓶子的颜色真的是"みどり/绿色"和"きいろ/黄色"吗?我总觉得,这个所谓的黄色的瓶子,应该是为了避免光线直射药品的浅茶色瓶子。

## 三 色彩词的两种用法

### 日常语言的用法

前面我们说到,实际的颜色不如说是(浅)茶色的鞋子和信封,在法语里却说它们是黄色(jaune)的。这样的用词,与日语里曾经普遍把茶色的鞋子称为红鞋子是完全相同的。

关于这一点,我再稍微详细地说明一下。一般来说,我们日常使用的词语,仔细想想就会发觉,其实并不总是同一种用法。严格地说,在现实世界里,同样的东西不会有两个,相同的事情不会再次发生,在这样的现实世界里生活的人们,或是由于记忆力有限,或是为了避免操作过分复杂,对于实际事物,只能用数量有限的单词和范围有限的组合来处理。

任何一种语言都会有同音词,完全相同的词语,会用来表示不同的意义或以不同的规则来使用,可以认为这是出于一种把符号系统尽量简单化的愿望。

但是,在数学或科学等领域使用符号时,这种变通方式就行不通,某个符号无论何时在何处使用,其意义都被要求是同一的。也就是说,这种时候的符号是一元性的。

与之相反,在日常语言中,由于我们前面讲到的原因,符号(词语)的使用不如说通常是多元性的。

### 鲸是鱼吗?

关于这一点,我们用具体的例子来说明吧。英语里鱼是 fish。从动物学的角度来说,鱼是一种具有一定的身体结构和特征的水生动物。从这个观点和准则来说,某种东西是不是鱼,是没有讨论余地的。

然而,在日常的英语里,从动物学的角度来说不能算是鱼的很多动物都被称作鱼(fish)。比如 shellfish、crayfish、jellyfish、devilfish、cuttlefish,日语分别是"贝/贝、ザリガニ/淡水螯虾、クラゲ/水母、タコ/章鱼、イカ/乌贼"。谁都知道这些不是动物学里讲的鱼,然而它们却都加上了 fish。这与日本曾经把鲸归为鱼是同样的用法。

遇到这种情况,我们现代人往往会说,从前科学不发达,所以会误以为哺乳类的鲸是鱼,至于给贝呀乌贼等加上 fish,是 fish 这个词语义扩张后的一种比喻性的使用方法。

然而,实际情况恰恰相反。从前人们把栖息在水里的各种各样的生物统称为鱼或 fish,而近代的人则导入了完全不同的观点,即新的动物学的分类规则,强行规定鱼是具有这样那样的性质和特征的动物。

因此,可以这么说,动物学上所说的"鱼",与认为鲸是鱼的"鱼",

其实应该作为两个不同的词语来看待。

## 辨别性用法和专业性用法

然而如今无论在哪个国家,随着教育的普及,一种被称为科学思维的看待事物的方法,即一元性地整理、思考世界的方法风头正盛。就像前面所说的那样,迄今为止支撑着日常用语的是一种简便的使用方法,既灵活又富于机变,可以不加说明地以各种规则区别使用同一符号,而这种简便的使用方法如今正在受到指责,被认为是暧昧的,是与事实不相对应的。

下面的例子反映了这种指责。日本的交通信号灯中表示"前进"的颜色,说它是蓝色的正确吗?还是应该说它是绿色的?我们经常听到这一争论。色彩词中也同样存在两种不同层面的使用方法,而人们却试图作一元化的解释,争论便由此产生。这就等于问你为什么要把茶色的鞋子叫作红鞋子。

如果你指着某种颜色的某个东西问别人这是什么颜色,一般人们会说是绿的,或者说是白的。而被问的人如果是很了解颜色的人,他可能会说得更严谨,比如说是抹茶色,或者说是银灰色。

像这样,色彩词的使用方法之一,就是提问颜色本身时特指某个颜色。但这并不是色彩词的全部使用方法。不如说在平时的日常生活中,其实人们更多的是出于把某个东西与其同类区别开来的目的,把色彩词作为一种区别的线索来使用。

比如说你走进书店,书架上摆放的基本上都是黑色、蓝色、泛白色的书脊的书。你在书架前跟店员说:"麻烦帮我拿一下那本红色的书。"店员会一声不响地递给你那本书,而那本书的颜色可能是带点红色的茶色,或者干脆是用橙色来形容反而更准确的颜色。

这种情况下,使用色彩词是为了以它为线索,从周围同类的书本中选定某本特定的书,而不是为了对颜色本身进行精确的指定。这种把色彩词作为区别同类对象物的线索的用法，我称之为"辨别性用法"[8]。而与之相对的，提问颜色本身时的使用方法，我称之为"专业性用法"。

## 红糖是"茶色"

砂糖可以分为"赤砂糖/红糖""白砂糖/白糖""黑砂糖/黑糖"等，这时候的色彩词正是这种辨别性用法。此外，像"赤土—白土—黑土/红土—白土—黑土""赤犬—白犬—黑犬/红犬—白犬—黑犬""赤蚁—白蚁—黑蚁/红蚁—白蚁—黑蚁"，以及"赤金(銅)/铜""白金(銀)/银""黑金(鉄)/铁""黄金(金)/黄金"等，这些日语里传统的色彩名称，从颜色本身来说未必是正确的，但是在以区别同类为目的的场合很常用[9]。

而如果拿出一些红糖，问大家这是什么颜色，一般人都会回答是茶色。这时候的"茶色"就是作为专业用语来使用的。

有趣的是，如果大量收集自古以来日语里加上形容词"赤"的名词，比如"赤土""赤犬"等，我们就会发现其中大部分东西的颜色并不是所谓的"赤"。我们不能错误地基于这个事实，得出在日语里茶色也是红色的一种这一结论。相信大家都已明白，其实这是混用色彩词的两种用法的结果[10]。

## 基本色和专门色

一般来说，任何一种语言在辨别性地使用色彩词的时候，都会尽量使用词形短的、最接近所述颜色的基本形容词，因为这样传达效率最高。而哪种颜色是基本色，则会因语言的不同而不同。比如日语的"绿"，从其语源来说也不是基本色，而包含这种"绿色"的"青/蓝"才是基本色。

因此，以相互区别为目的的交通信号灯的三种颜色，分别用"赤、青、黄/红、蓝、黄"就可以了，而没有必要使用词形长的专门色"みどり/绿""だいだい/橙"等。即使颜色本身更接近于"みどり/绿"或"だいだい色/橙色"，但因为考虑的不是这个层面的问题，所以一概不会产生麻烦。

在法语里，黄色是基本色之一，于是浅茶色的鞋子也采用辨别性用法，称之为黄色。英语的 orange 也是基本色，所以就会广泛使用。而日语的"オレンジ色/橙色"只作为专门色来使用，所以 orange cat 不能译成"オレンジ色の猫/橙色的猫"。

以区别同类为目的而辨别性地使用色彩名称，这种方法在某种东西的色彩太多的时候就不太好用了。据说最多是四五种颜色。在日本或法国，年轻人现在都不大使用"红鞋子"或"黄信封"的说法，这似乎是因为现在那些制品的颜色不像从前那么单一了。事实上人们现在也常用黄信封，因此再使用"黄信封"来指代牛皮纸信封的话，两者就区别不开来了。

## 四　绿色的苹果

### 苹果是红的

听到苹果，日本人会联想到什么颜色呢？我想一般人都会想到红色。当然，作为实物的苹果，在日本也不仅限于红色。也有黄色的，偶尔还能看到熟了也仍然是绿色的品种。但是，从一般论的角度来说，人们想到苹果的时候想的应该是红色吧。

电视里的联想猜谜游戏，一说红的，马上就会猜到苹果。跟小孩说画一个苹果，小孩就会拿起红色的蜡笔画个圆圈[11]。就是这样，在日本，就像说到香蕉必定是黄的（其实也有绿的）一样，在语言文化上说到苹果也必定是红的。也就是说,对于日本人来说,苹果可以说是红色物体的代表之一。

因此,在日本,熟了也仍然是绿色的苹果,会被认为是没熟的。这也就是"旭(あさひ)"等绿色品种的苹果如果不花点心思人工着色就几乎卖不出去的缘由。

## 苹果是绿的

然而,在有的国家,说到苹果就不是红的,而必然是绿的。其代表就是法国。我在很早之前就发觉,在法国有一种文化习惯,通常认为 pomme(苹果)这种水果是 vert(绿色)的,于是我做了各种各样的调查[12]。在法国和在日本一样,苹果这种水果也有红色的或者黄色的,可是说到 pomme,其颜色就会被认为是绿色的(参照卷首插图)[13]。

在孩子们的绘本或教科书等里面,苹果也都被画成绿的。在法国,红色(rouge)水果的代表是樱桃(cerise)(参照卷首插图)[14],而不是苹果。不过,法国人说苹果是绿色的那种绿,比日语里通常说的绿要淡一些,作为一种色彩以 vert pomme(リンゴ緑/苹果绿)的名称为人所知,在日常生活中经常用到。比如下面这句话。

> Les murs étaient peints en vert pomme.(四方の壁はリンゴ緑に塗ってあった。/四面的墙壁涂成了苹果绿色。)
> G. Simenon:*Maigret et le clochard*(《梅格雷和流浪汉》).

日语里没有"リンゴ緑/苹果绿"这样的色彩名,所以这种颜色本身好像也不大使用。我找了一本日本的色彩名词词典查了查,与法语的 vert pomme 对应的日语名,在专业用语中是"鶸色(ひわ)/黄绿色"[15]。但是,我所理解的这种颜色,是名副其实的"鶸/金翅雀"的颜色,也就是有点泛黄的绿色,我觉得与 vert pomme 还是有点不同。

最后,我再讲一种日本的病名吧。认为苹果是绿色的法国人听到这个名称会觉得不可思议。那就是一种叫作"リンゴ病(俗名)/苹果病(俗称)、传染性红斑"的儿科病[16]。这种病是由病毒之类引起的,脸蛋会变得通红,拉丁语学名(erythema infectiosum)跟苹果毫无关系。只有日本人才会如此命名。

## 英语的苹果

英语里 red apple 和 green apple 都是经常听到的说法。然而,通常考虑苹果的颜色时,是否会像法国人那样仅限于一种颜色呢?

好几年前,有一次我受邀去长期担任东京的英国文化振兴会语言负责人的让-雅克·迪恩(Jean-Jacques Dunn)先生家里吃饭,一起受到邀请的还有英国人 W 先生和美国人 R 先生。在谈话中我试着提起了苹果的颜色的话题。

于是,W 先生立即回答说是 green,而 R 先生却露出讶异的表情反驳说:"应该是 red 吧。"其他人也加入这场议论,有人说有一种色彩名叫作 apple-green(这正好相当于法语的 vert pomme),还有人说白雪公主的苹果可是红的哦。最终也没有辩清楚究竟是红的还是绿的。

后来,每当有机会,我就向各个英语国家的人提这个问题,结果我所得到的结论是:在英语里,因人而异,分成红的和绿的。本来英语这种语言分布的地域就很广大,有地区的差异,也有文化传统的差异,所以往往对同一个语言现象的解释不一定相同[17]。从这个观点出发,有关苹果的颜色,今后再继续进行详细调查的话,或许会发现一些有趣的事实。

### 德语的苹果

至于德语,从我迄今为止的调查来看,苹果(Apfel)似乎应该是红(rot)的。但是,德语里也有与法语和英语相同的一个形容词,叫apfelgrün(苹果绿)。如此看来,某些人或某些地区以 grün 为苹果代表色的可能性也是存在的。

此外,这种语言文化方面的问题,因为与人们的文化素养和知识传承有关,所以也会随着时代的变化发生变化。一个很好的例子就是白雪公主(Schneewittchen, Schneeweißchen)吃的毒苹果的颜色的变化。

据德国文学研究家宫下启三先生的细致考证,白雪公主吃的毒苹果在格林的原著(初版)里一半是通红的,一半是白色的。后来翻译成外语,加上对原文的种种加工,很多时候苹果就变成整个是红的了。特别是华特·迪士尼(Walt Disney)以其独特的哲学改编的白雪公主的故事在世界范围内大受欢迎,之后红苹果就几乎完全固定下来了。

像这样,苹果是什么颜色这么一个文化意义学性质的问题,在不同的民族和语言里都有其特有的实情,但因为受到某种强有力的干涉而在不知不觉间发生了变化的情况也不少见。

### 俄语的苹果

俄语里有一个与英语的 apple 和德语的 Apfel 很相似的词яблоко,那么俄语的情况又是怎样的呢?去年(1988年),我有机会在苏联待了一段时间,尽力做了一些调查。结果正好与英语相同,我发现他们分为两派,有说绝对是红色的,也有毫不相让地说从来就是绿色的。而且与英语相同,现在俄语也不只是俄罗斯人在使用,而是在被不同民族的人使用,这种情况或许就是产生两种不同解释的潜在

背景。我想这是一个要进一步详细调查的问题。^(18)(19)

## 五 comme une pomme（像苹果一样的）

### 颜色和形状

日本人在形容某个事物的时候，常会使用"リンゴのような/像苹果一样的""リンゴみたいに/像苹果一样地"等比喻。很显然，这是说某样东西是红的、红通通的。生来就是日本人的话，谁都能够理解这个比喻，但是并不是所有的外国人都能够很轻松地理解。前面已经讲过，比如法国人一般认为苹果是绿的，所以他们肯定不会把这个比喻理解为某样东西是红色的。

然而，非常有趣的一件事情是，法语里正好也有与"リンゴのような/像苹果一样的"对等的比喻 comme une pomme。那么是否可以说，因为法国人认为苹果是绿的，所以这个比喻就是用来表示某样东西是绿色的呢？事情好像并不是这么简单。

实际上，法语的这个说法，不仅仅用来比喻事物的颜色，还用来形容某种形状。我们先来说明一下较为简单的后一种用法。

### 圆圆的脸蛋

关于苹果（pomme），我查了很多法国的词典，在 *Petit Robert* 里看到下面这个用例。

> Loc. Rond comme une pomme.《Un joli enfant bien portant qui a des joues comme une pomme》(Hugo).

也就是说，在法语里有一个意为"像苹果一样圆"的惯用句，作为其用例，词典从维克多·雨果（Victor Hugo）的作品中引用了一个句子："一个有着苹果一样的脸蛋的、可爱又健壮的男孩。"因此，这里的"像苹果一样"显然不是指颜色，而是表示事物（脸蛋）的圆的形状。

我在莫泊桑的作品中找到的例子也同样用于形容圆圆的脸蛋。

> Au milieu, un jeune paysan de vingt-cinq ans, joufflu comme une pomme et rouge comme un coquelicot.
>
> Maupassant：*Tribunaux rustiques*（《乡村法庭》）.
>
> 〈真中には二十五歳（位）の若い農夫がおり、頬がリンゴのように膨れていて、ひなげしのように真っ赤だった。〉/中间是一个二十五岁（左右）的年轻的农夫，脸蛋像苹果一样圆鼓鼓的，像丽春花一样红通通的。

这个例子中，圆圆的脸蛋被比作苹果，而脸蛋的红色则用诺曼底地区最常见的丽春花来比喻。从这里我们可以看出，与日语不同，法语的"像苹果一样"本身并没有红色的意思。

需要注意的是，莫泊桑的这个例子把脸蛋的形状和颜色分开来描写，这还好办。可如果像前面雨果的文章那样只是说"脸蛋像苹果一样的孩子"，而日本的读者又不知道在法国一般认为苹果是绿色的而不是红色的，那就很有可能误认为写的是这个孩子的脸蛋像苹果一样红通通的。（当然，这样理解也能够说得通，而且事实上有着健康的圆脸蛋的小孩，他的脸蛋应该是红色的……）

上面这些绝好的例子告诉我们：要正确理解外语，就不能按照自己国家的文化和语言习惯去解释，要始终谨慎对待，这种心态是最重要的。

## 从国语[①]词典向日语词典转变

此外,上面这些事实也告诉我们:现在学习日语的外国人越来越多,而传统的国语词典仅为日本人使用者编纂,有必要从一种新的视角去改编词典。

至少我所看到的以往的国语词典,都没有把"リンゴのような"或"リンゴみたいに"这样的惯用表达收录进去。可是如果考虑到外国人也在使用,就有必要列出这个词条,并说明这是用于表示"红色"的比喻。这也就是我常常主张"国语词典要向日语词典转变,否则就会落后于时代"的根据[20]。

## 颜色难以判定

下面我们讨论上述的 comme une pomme 作为色彩的形容用在什么地方。起先,我想得很单纯:既然法语里一般认为苹果是绿色的,那么比喻色彩时,comme une pomme 就一定是形容某物是绿色的[21]。

然而,我问了很多法国人,却好像不是这样的。法国人说,作为色彩的形容,仅仅听到 comme une pomme 是很难判断其颜色的。看来这个比喻与日语的"リンゴみたいな/像苹果一样的"不同,在颜色方面它具有开放的不定性,只是对前面的色彩形容词起到一种修饰强调的作用。

在马塞尔·埃梅(Marcel Aymé)的小说中,有一个题为 *La jument verte*(『緑の雌馬』/《绿色的牝马》)的异想天开的故事。它的开头是这样写的:

---

[①] 译注:"国语"意为本国人民共同使用的语言。在日本,"国语"指"日语"。

> Au village de Claquevue naquit un jour une jument verte, non pas de ce vert pisseux qui accompagne la décrépitude chez les carnes de poil blanc, mais d'un joli vert de jade.

在克拉克比村，每天的日子都很太平，从未发生过可称之为事件的事情，让人感觉极为无聊。然而有一天却发生了一件大事：居然有一匹绿色的马驹诞生了。而且这匹马驹的毛色，并不是那些白毛的老驽马身上常见的有点脏的青色，而是真正的翡翠的绿色。

这匹马驹出生的时候，它的农夫主人从马厩里奔出来大喊："Elle est verte comme une pomme.（仔馬はリンゴみたいにあおいぞ/小马驹像苹果一样，是青色的。）"[22] 前面已经说过，从日语的译文来看，"リンゴみたいにあおい/像苹果一样，是青色的"，怎么都会感觉这个表达不妥当。总的说来，此处的 comme une pomme 起到对 verte（蓝的、绿的）进行具体描述的作用。

## 与红色也可以联系起来

而在下面的例子里，comme une pomme 却是与红色（rouge）联系起来的。莫泊桑有一篇讽刺小说 *Les sabots*（『木靴』/《木鞋》），其中有一段是这样描写一位姑娘的：

> …, une gaillarde à l'air niais mais, aux cheveux jaunes, aux grosses joues rouges comme la peau des pommes, …
> 〈間抜けた感じの、髪の赤い、リンゴの皮みたいに赤い膨らんだ頬をした、いかつい女〉/感觉蠢笨的，红头发的，有着像苹果皮一样红的圆鼓鼓的脸蛋的，粗俗的女人。

这里的 comme la peau des pommes，也就是"リンゴの皮みたい

に赤い/像苹果皮一样红"，虽然不能够将其看作惯用句 comme une pomme 的用例，但是"红皮的苹果"说到底就是"红苹果"的意思。描写脸蛋的红色的时候，这里提出了苹果作为例证。从这一点来看，这可以说是一个很有趣的用例吧。

## 六　太阳和月亮

### 红色的太阳、黄色的太阳

　　时间过得很快，那已经是十几年前的事了。我在美国伊利诺伊大学的语言专业执教过一年左右语言社会学这门课。每天早上，等我开车去了学校，妻子就在宽大的院子里种种花草，或读读当地的报纸，或做她自己喜欢的蕾丝钩编，日子过得很是舒坦。

　　有一天，我从学校回到家里，妻子突然说："英语里太阳的颜色是什么色啊？"我回答说："那肯定是红色的呀！"妻子却说："按说是呀，可是这个答案不对。"说着把报纸上的纵横字谜①递给我看。

　　按照"太阳的颜色（The color of the sun）"这个提示填入红色（red），文字栏里却多出三个空格。我一边说着"这就奇怪了"，一边往里面填入我随意想到的各种色彩名。结果发现填入 yellow 的话，上下、左右都完全符合。

　　太阳是黄色的！我觉得这种说法无论如何都很奇怪，立即打电话去问美国人。结果所有人的回答差不多都是一个腔调："当然是黄色的啦，你怎么会特意来问这种傻乎乎的问题啊？"我不由得惊呆了。

　　作为日本人，我们夫妻二人从孩童时代就开始学唱"日の丸/日

---

　　①　译注：在棋盘状的方格空格中，根据提示在各个空格中填入纵横成文的文字的游戏。

章旗"之歌："白地に赤く、日の丸染めて、ああ美しや、日本の旗は……/在白色的布上,画出红色的太阳,啊,真美啊,日本的旗帜……"白米饭中央放一粒红色的咸梅干,叫作"日の丸弁当/日章便当"。还有幼小的孩子们画的太阳都是用红色蜡笔画的圆圈。所有这些都使我们确信:太阳是红色的。然而现在却说它是黄色的,那不成了月亮吗?这就是我们俩当时最直接的反应。

## 法语、德语和俄语

既然英语里的太阳是黄色的,那么法语、德语里是怎样的呢?我马上开始查阅儿童绘本和图鉴,这些书里的太阳也是黄色的。我甚至看到一些绘本在美丽的柠檬黄的太阳旁边认真地写着"Le soleil est jaune.(太阳是黄色的)"(参照卷首插图)[23]"Die Sonne ist gelb.(太阳是黄色的)"。

最让我感觉憋闷的是,在那之前我并非没有看过这些书。当自己没有问题意识的时候,这些宝贵的信息即使进入我的眼睛或耳朵,我也没有当一回事。我常常在想:人的眼睛和耳朵与照相机、录音机不同,人们往往会根据自己拥有的固有文化,或是把接收到的新信息的一部分删除,或是曲解它,使之变得容易让自己接受,所以我们往往很难发觉新的事物。甚至可以说,古人讲的"見れども見えず、聞けども聞こえず/视而不见,听而不闻",反而是人类的正常状态。

以这次的事情为契机,后来每当有机会,我就会去调查欧洲各种语言是如何描述太阳的颜色的。迄今为止已经明确的是,在英语、法语、德语、意大利语、西班牙语等西欧语言里,一律都认为太阳是黄色的。有趣的是,俄语中是红色的(красный),好像波兰语中也是红色的,所以东欧斯拉夫语地区与日本一样认为太阳是红色的可能性很大[24]。

## 一位宇宙物理学家的经历

在英语里太阳不是红色的而是黄色的,在日本知道这件事情的人似乎意外地少。这不是以我个人的调查和推测为基础得出的结论。专门研究太阳的宇宙物理学家樱井邦朋教授的著作中有下面一段话,也清楚地说明了这一点。

> 说到太阳的颜色,我也一直以为全世界都是一致的。然而,当我真的到美国居住,跟当地人谈话的时候,我才发觉,我一直以来毫无理由地、只是想当然地认为太阳是红色的,而他们却不是这么认为的。我有些惊讶。
> 樱井邦朋《"思考方式"的风土》,讲谈社现代新书,1979年,p45

樱井教授在该书中还说:"孩子们在美国的时候总是把太阳涂成黄色的,不可思议的是,回到日本以后却开始用红色去描画。关于这一点,我想这难道不是日本社会的无意识的文化强制的结果吗?"在说完这一段连文化人类学家都不得不佩服的想法之后,樱井教授总结道:"就我自己来说,如果不是因为从事有关太阳的研究,恐怕至今还在说'真赤な太陽/通红的太阳''赤いお日様/红红的太阳公公'吧。"

## 自然科学和人文社会科学

前面谈到的苹果的颜色、橙色等也是同样,在日本抱着做学问的目的学习外语的人,并没有多少人关心太阳在不同的语言(文化)中颜色不同的事实。甚至有人明显对此抱有轻蔑的态度:这种小事情,这种孩子气的无聊的问题,竟然也拿来作为严肃的学术研究的对象!

但是,文学、哲学以及社会学这些人文社会科学,研究对象如果涉及外国，那么研究工作的大部分都只能通过阅读外语文献，或使用外语直接与外国人交流来进行。

与自然科学和技术方面的研究不同，人文社会科学的研究中几乎没有能够看到的具体事物、能够直接触摸到的东西，而且也没有能够放心使用的客观数字。换言之，可以毫不夸张地说，在文学、哲学、社会学这些学术领域，只有语言（外语）可以作为唯一可靠的决定性手段。

当然，包括数学在内的自然科学和技术方面的研究，也需要外语文献，使用外语进行交流也很重要。只不过，这种情况下的外语与人文社会科学领域的外语即使同为一种语言，也可以说两者的性质完全不同。

两者的差异简单地说，在前者中，符号，也就是单词和文章是自我完结性的；而在后者里，单词和文章的意义及界限都是不明确的。换句话说，前者几乎完全不用考虑言外之意，或信息背后隐藏的文化背景和历史背景等。而后者，也就是社会文化科学的文献，不如说文化和历史背景才是重要的，不了解这些，就完全不能指望正确地理解你所看到的文字。

## 自我意识与验证

而且麻烦的是，这一问题并没有在任何地方明确地标示出来，可以说是处于一种"知る人ぞ知る/识者知之"的状态。

还有一件更困难的事。那就是，自然科学性的语言信息不仅可以通过实验、观察以及合乎逻辑的考察等来验证信息本身是否正确，而且也有很多手段可以检测自己是否正确地理解了通过外语获取的信息。

比如你可以按照外国文献所写的那样，自己去实际操作一番，如果操作不顺利，你就不得不进行自我检测，看看自己对文献的解读是否有错误的地方。

可是,如果是解释外国文学,解读社会科学性的文献,前面的这些手段几乎无一适用。尽管如此,如果研究者对两者之间存在的这种差异能够有所意识,即使是人文社会领域的学问也能够进行一定程度的验证,虽然那要耗费大量的时间和精力。但是,更多的情况是人们缺乏这种关键的自我意识,总是认为自己的理解就是信息的正确内容。

不过,关于此类问题,我已经在我的『武器としてのことば』/《作为武器的语言》(新潮选书)一书的第五章里详细讨论过,为什么到现在为止,在日本,与自然科学相比,以外国社会、文化为对象的学问整体上没有什么成果且缺乏国际性。在这里我就不再赘述了。

## 人们成长的文化背景

对语言社会学的调查不太了解的读者中,可能有人会认为:只要给大量的人发一份调查问卷并统计答案,那么什么语言里太阳是什么颜色这样的问题,不用很辛苦,也用不着花好几年时间就能够搞清楚。

可是事实上,有很多的原因导致事情并不那么简单。比如,我在巴黎大学举办系列讲座的时候,主办方的一位 R 教授招待我吃饭,老朋友 W 博士也在座。席间我问他们在法语里太阳是什么颜色,两位都说是红色。

在巴黎大学这样的法国国立大学里,有很多这样的人:他们的国籍不用说,自然是法国,学问也很优秀,讲的法语也无可非议,可谓是无可挑剔的法国人,然而其实他们却出生成长在外国。我之所以问这两位法国学者在法语里太阳是什么颜色,是因为其实我事先知道 R 先生是在俄罗斯长大的,而 W 先生出生在波兰。两位各自的母语里太阳是红色的。无意识地浸染的文化,是很难改变的。

我想说的是,如果你不知道人们成长的文化背景,就去问关于语言的问题,或做问卷调查,那么因为外国有各种各样的人混杂在一起,你所得到的结果很有可能是完全不值得信赖的东西。

然而,问人家在哪里出生,几岁以前接受过怎样的教育,现在几乎在所有的发达国家都是忌讳。在日本人看来很难想象,但人们很不愿意提供这种个人信息。

我们经常听到有人说,关于法语的问题只要去问法国人就能立刻明白,关于英语的某个疑难点自己已经直接问过英国人了,绝对不会错的。然而,只要是关系到文化,那就不是随便问一个人就能解决问题的。哪怕是一个小小的问题,也需要花时间从各个方面收集资料,进行综合的判断,除此之外别无他法。

### 如果不了解文化……

从这个意义上来说,外国孩子们的行动,面向孩子的绘本、资料等是文化信息的宝库。可是对于我们日本人来说,外国的孩子们究竟读什么、知道什么、怎样行动,这些却是我们身在日本最难以获得的信息。

高级的文学书或哲学书,难懂的社会科学的文献等,只要我们尽力去找,在日本也能够找得到。但是写这些书的人成长的文化背景,在供大人读的那些优秀的书本里是根本不会出现的,因为那是潜在的前提部分,也是写书的人认为极为理所当然的事情。

依靠词典去读那些用外语写的文化、社会科学领域的学术文献,如果你不了解那些关键的、潜在的基础部分,那么不管你多么努力地读,你对作品整体的定位、价值评价都会发生混乱。这也是理所当然的。

这就是为什么我总是说,读外语书,要想正确理解意思,如果不了解书里面没有写的东西,即这本书成立的文化前提,那是不行的;要把书里面写的东西与书里面没有写的东西进行对比,才能够完整理解其意义。但是,仅仅依靠读外国的书去了解外国(人),简直困难得令人绝望。关于这一点我想在第三章里谈,这里就暂且到此为止吧。

**不可忽视的摩擦**

直至最近为止,对于日本人来说,所谓欧美各国几乎只存在于书本里。因此,即使日本人对这些国家的文化有什么误解,也不至于立即、直接地产生什么问题。

然而,如今与外国人的直接交流日渐频繁,普通的日本人也可以随意到国外去,语言文化方面的相互理解的欠缺,就开始引起许多不可忽视的摩擦或哭笑不得的问题。

前面提到的泉邦寿教授告诉过我一件事。曾经有一个从日本派驻巴黎的商社职员,他的儿子有一天突然开始拒绝上学。经过调查,发现原因竟然在于太阳的颜色。上学的时候,因为一些缘故要画太阳,只有这个孩子涂成了红色,被法国同学狠狠地嘲笑了一顿,受到了打击。

另外还有一件事。听我的课的一位中年妇女,跟她丈夫一起在英国时买了当地的绘本。有一天她的孩子在读这本绘本时,突然跑过来叫道:"妈妈,这本书好奇怪!"她一看,只是一幅很普通的街道风景画,但太阳是黄色的。那孩子不服气,说:"大白天月亮就出来了,真奇怪!"

在太阳是红色的日本文化里,月亮是黄的。但是在太阳是黄色的文化里,月亮一般就是白色的,自然不可能是黄色的。不了解这个情况的日本的家长和小孩,把绘本里的太阳看成了月亮,因而感到不可思议[25]。

一个国家的文化,像上面的例子这样,一旦了解了,那就是极为普通的事情,但其中包含着许多当事人没有意识到的极为细微的潜在的社会公约和规矩。而这些成分,形成了可谓文化之根的基本层面。这些无意识的成分在不同文化间的差异,大则引起不同民族对立反目的重大问题,小则成为归国子女无法适应环境的潜在原因,这种事情是很多的。特别是对于大家认为完全相同的事物,如果人们的价值观完全相反的话,那就会引起意想不到的事件。

## 阿拉伯人和太阳

下面的一件逸事就很好地证明了上述观点。很遗憾我把其出典弄丢了,可能会不太准确。那是日本的一家大型食品公司向某个阿拉伯国家出口罐头时发生的事。

公司对出口商品的品质和价格都很有自信,然而总是卖不好。于是派了调查人员去当地,把他们的商品与竞争对手的商品混在一起进行盲测。结果反而是自己公司的商品评价更好。可就是根本卖不出去。

调查人员走进一家超市,装作若无其事地问一个挑选了别家公司商品的当地人:"你为什么不买这边的(即自己公司的)商品呢?"你听了别觉得惊讶,对方的回答是:"因为这上面有太阳标记啊!"[26]

在日本,朝阳、旭日、太阳、日章都是大家喜欢用的商品名,而且商标、图案上也很常见。然而,对于终年生活在沙漠里,受灼热太阳炙烤之苦的人们来说,在他们的文化里,太阳并不像日本人所认为的那样,是带来恩惠的生命之源,而是一种稍有不慎即意味着死亡的、令人憎恨的东西。

日本人会说"初日の出/元旦日出""御来光/(高山)日出""お天道さま/太阳公公""お日さま/太阳公公(太阳爷爷)"等,这些词里包含着几近于信仰的、肯定的感情,对于阿拉伯人来说这是完全无法理解的。对于他们来说,用太阳这种不祥的东西作商标,只会给人以极不舒服的负面感觉。

### 月亮才是美的

　　阿拉伯的人们如此讨厌太阳，那么他们喜欢的天体是什么呢？那就是月亮。把整个世界变成炽热的沙漠海洋，把世上万物烤干的恐怖的太阳一下山，沙漠突然就变得凉爽起来。人们又恢复了活力，心情也恢复平静。忽地抬头仰望天空，那里一轮月亮正发出清冷美丽的光辉。

　　月亮才是美的，它是救星，它是希望。这种关于月亮的美学，正是在这种情况下产生的。正因为如此，在以阿拉伯文化为基础的伊斯兰文明中，月亮，特别是蛾眉月，会受人赞扬。而且，这也是现在九个以伊斯兰教为国教或重要宗教的国家在国旗上使用蛾眉月的原因（参照卷首插图）。

## 七　蝶和蛾

### 看到"蝶"的惊讶

　　几年前，我的同事松原秀一先生告诉我：在法语里，蝶和蛾在词汇层面上是没有区别的。在《拉鲁斯百科全书》的 papillon（蝶）的条目下，我看到在一整面彩页中，各种各样的蝶和蛾混在一起（参照卷首插图）。我至今还清楚地记得当时的那种惊讶。

　　在那之前，我一直以为在法语里蝶是 papillon，蛾是 papillon de nuit（夜晚的蝶）。因为在所有的法日词典里都是这么写的。然而，这个 papillon de nuit 其实是一种强调表达，只有在单用 papillon 可能会不清楚的时候才用，而如果晚上看到冲着灯光飞来的蛾，只要说 papillon 就可以了。

　　（与之完全相同的是，根据情况能明确地判断出是"お湯/热水"

还是"水/水"的时候,英语或法语里一般只要说 water 或 eau 就可以,而不必一一说明是 hot⟨cold⟩water 或 eau chaude⟨froide⟩。)

我们日本人虽然也知道,自己的语言里说的蝶和蛾是有近缘关系的昆虫,但是在日常生活中我们是明确地区别使用的,而且偏偏我们还知道英语里也有 butterfly 和 moth 这样两个不同的词,所以我们就认为在其他的语言里当然也是用不同的词来表示这两种昆虫的。

像这样,我们自然而然地认为自己语言中内在的对事物的认知机制是具有普遍性的,并且期望其他语言和自己语言的认知机制一样。而要避免这种想法是相当困难的。

## 德语的情况

上述情况在德语里也有。在日本,只要稍微学过一点德语的人肯定知道蝶是 Schmetterling。但是如果被问"那么蛾呢?"能够马上回答出来的人或许很少吧。实际上,德语和法语一样,也是在词汇层面上通常对蝶和蛾不做区分的语言。

而且在德语里也是一样,要明确讲清楚是哪一种的时候,可以说 Tagschmetterling 和 Nachtschmetterling,即在同一个词前面加上"白天"和"夜晚"。虽是同为西欧语言的近邻语言,英语与德语、法语之间就有这样的差异。当然,如果仔细分析的话,德语里还有 Falter、Motte 的说法[27],法语里也有 phalène、phalère 等特殊的词语,并不是那么简单的。但是,papillon 和 Schmetterling 不加任何修饰语,不区分蝶和蛾,作为两者同属的"鳞翅目"的总称来用,这一点是值得我们注意的。

在各位读者当中,可能有些人会想:我对昆虫没有兴趣,在读文学或哲学书的时候,即使不知道这一点也不会有什么问题。但是,意外的是,像这种乍一看很无聊的问题,如果不加以注意的话,就会遇到一些意料不到的挫折。

## 歌德的诗

德国的大诗人歌德(Goethe),对于日本的知识阶层来说,是一位留下了许多令人难以忘怀的名著的文学家,他的作品几乎全都被译成了日语。他有一部诗作在日本以『西東詩集』(《西东诗集》)为题广为人知,是间接受到伊斯兰神秘主义思想影响的作品。

其中特别是那首包含了名句"stirb und werde!(死して成れ/死而成之、涅槃重生)",题为 Selige Sehnsucht(至福への憧れ/对至福的向往)的诗,更是广为人知的名作。其中写到,在黑暗中为熊熊燃烧的真实(存在)的火焰所吸引而飞来的一只蛾子(Schmetterling)被烧成灰烬,描写了死和重生的形象。这里的 Schmetterling,如果不留神把它想成蝶,那么这首诗就完全无法理解。可是,将其理解为蝶的人确实存在。请看下面的翻译[28]:

Keine Ferne macht dich schwierig,　隔たりも汝は物ともせず
(无论多么遥远)
Kommst geflogen und gebannt,　追わるるごとく飛びきたる
(你像被追逐一般飞来)
Und zuletzt, des Lichts begierig,　ついには光をこがれしたいて
(终于为苦恋光明)
Bist du Schmetterling verbrannt.　蝶なる汝は焼けほろびぬ
(你,蝴蝶,被烧成灰烬)

为黑夜中燃烧的灯火所吸引而飞来的一只蛾子,被火焰焚烧成灰而死。如果像上面这样被误译为蝶,那么这个情景在日语中的意义、形象就会变得非常奇怪。不得不说,这种解释完全无法传达原诗

所具有的柏拉图式的伊斯兰神秘主义的"蛾→火焰→死→重生"的那种美丽、凄凉的诗意[29]。没有正确的语言知识,也就无法随心所欲地鉴赏文学,蝶和蛾的区别告诉了我们这个道理。

**俄语里的蝶和蛾**

那么,俄语里的蝶和蛾是怎样的关系呢?是两者不作区分,用一个词来说的德法型呢?还是蝶和蛾用不同的词来说的日英型呢?

先说结论吧。我把迄今为止日本出版的新旧不等的5本俄日词典和2本日俄词典的记述综合起来看,结果并没有搞明白是怎么一回事。

不过,关于这个问题我早就发表过一篇小论文[30],再加上这一章已经有点太长了,这里我就尽量简单地说明一下情况吧。

日本的大部分俄日词典里,бабочка 的词条下,都先举了蝶的例子,接着又写 ночная бабочка(晚上的蝶)表示蛾。可这与前面的法日词典是相同的,这样的表述虽然不能说是错的,但是对于学俄语的日本人来说,会成为正确理解 бабочка 这个词的障碍。

实际上,这个 бабочка 也是德法型的词。这个词既可以表示蝶,也可以表示蛾,即鳞翅目的总称。要明确表示的时候,则用"夜晚的蝶"的形式,即在这个词的前面加上 ночная(夜晚的)这个形容词,这样就可以专指蛾,在这一点上,与法语的 papillon 和 papillon de nuit 的关系是完全一样的。所以,看了词典的日本人,就会误以为俄语里只有蝶是 бабочка,而蛾是 ночная бабочка,并记在心里。

俄语里还有另外一个词,叫 мотылёк,在日本的词典里这个词的解释也很混乱。在有些词典里仅解释为"蝶",也有些词典的说明为"蝴蝶,小小的蝶",反过来也有词典写着:"一般指蛾。"

## 混乱的原因

这样的话,我真想对他们说:"这个 мотылёк 到底是蝶还是蛾啊?请给我们讲清楚!"为什么会发生这样的混乱呢?其原因就在于日本的俄语词典编纂者大多受日语的影响,以为前面说的 бабочка 是蝶。所以,当他们在俄罗斯或苏联出版的俄语词典里读到下面这样的有关 мотылёк 的说明时,就会认为这也是蝶。

мотылёк, лька́, м. (Ушаков):
То же, что бабочка, но преимущ. небольшая.
〈バーボチカと同じで、特に大きくないもの/与 бабочка 相同,特别是小的那种。〉

这本"乌沙科夫大词典"里有关 мотылёк 的说明应该理解为:"鳞翅目,特别是非大型的。"但是一心以为 бабочка 就是蝶的那些人,就会认为是:"蝶,特别是非大型的。"于是 мотылёк 也就成了"蝶,特别是蝴蝶"。

与法语的 papillon 一样,关于这个 мотылёк,只要打开任何一本俄罗斯或苏联的百科全书,你肯定会看到蝶和蛾混在一起,出现在同一张插图中。这就是说,如果不改掉只靠语言类书籍研究与理解语言的毛病,就很难正确地理解外语[31]。

注

(1) 最多的是茶色,96人中有67人回答茶色,接近70%。
(2) 我最早是在「色のいろいろ」(『ことば』第三卷第八号,英潮社,1979年)中指出了有关"オレンジ色"的问题。最近开始有词典提到这一点了,如研究社的『ライトハウス英和辞典』和『新英和中辞典』等。
(3) 桥本福夫译『複数の時計』。ハヤカワ・ミステリ文庫(早川推理文庫),

1976年。

(4) Georges Simenon 在日本常被称作「シムノン」,但「シメノン」才是正确的译法。

(5) 最近,我的同事柳原伊织教授从朝日新闻的专栏「日记から」(日期不详)上剪下来一篇文章给我看,并说:"除了先生您之外,还有人也在质疑法语的〈黄色的鞋子〉这个说法哦。"

作者是名古屋大学副教授(当时)竹内良知先生。文章的要点引用如下:

有一次我在读一本法语书,看到"黄色的鞋子"这么一个说法。我想,这是怎样的鞋子呢?就找个法国人问了一下。结果他指着自己脚上的鞋子说:"这就是。"那是一双红色皮革的鞋子。日本人称之为红色的颜色,法国人却称之为黄色。这是为什么呢?或许这牵涉到风土人情,很难简单地讲清楚。但可以说,就连颜色的感觉,都会受到语言亦即文化的引导。

(6) 法语里"茶色的信封"是否全都说成 jaune 呢?其实也不尽然。刚刚提到的西默农的作品中就有 une grosse enveloppe brune/一个茶色的大信封(*Le voleur de Maigret*/《梅格雷和小偷》),字面上出现了茶色。此外,还有与 jaune 并用的 jaunâtre(微黄的)(*Un échec de Maigret*/《梅格雷的失败》)。

(7) jaune 其实并不完全对应日语的黄色,而日本出版的法日词典照例全都没有注意到这个问题。

(8) 参照铃木孝夫「色彩語の意味分析に関する一考察」『慶応義塾大学言語文化研究所紀要』第四号(1972年)。

(9) 关于此处讲的两种用法,国广弥哲先生在『意味の諸相』(三省堂,1970年)的 p.27—p.43 做了独到而详细的分析。

(10) 国立国语研究所的『形容詞の意味・用法の記述的研究』(1972年)中,有的分析混淆了这两种用法。

(11) NHK 电视台有一个幼儿节目叫「あつまれじゃんけんぽん」(集合!石头剪刀布!)。有一次猫咪小健找不到红色蜡笔,只好用绿色蜡笔画了一个苹果。于是其他孩子说:"不对,不对,这是南瓜吗?"

(12) 铃木孝夫「vertとjauneの文化意味論的考察」『慶応義塾大学言語文化研究所紀要』第一九号(1987年)等。

(13) *J'apprends à lire en m'amusant*,Odege,1960.

(14) *Le livre des couleurs*, Larousse, 1981.

(15)『国際版・色の手帳(Color Guide International)』小学館,1988年。

(16)正式名称是「伝染性紅斑」。

(17)关于同一个谚语的不同解释,可参照铃木孝夫『ことばと文化』(岩波新书,1973年)p.23。

(18)涂在脸上的胭脂在俄语里叫作 румяна,其形容词是 румяный,据说在表示苹果的红色时经常使用。

(19)可作为参考的一件事情是:邻国的语言韩语里,苹果也和日本一样被描述为红色。这是韩语固有的想法,还是近代受日本文化影响的结果呢?很遗憾,我现在还没搞明白。

(20)参照铃木孝夫「日本人に日本語教育を」『ことばの社会学』(新潮社,1987年)p.18。

(21)参照铃木孝夫「林檎のような頬」『ことばの社会学』(新潮社,1987年)p.22。

(22)Marcel Aymé, *La jument verte*, Éditions Gallimard,1933,p.9.

(23)*J'apprends à lire en m'amusant*, Odege, 1960.

(24)苏联出版的绘本中有好几本是把太阳画成红色的。

(25)在中国,认为太阳是白色的看法自古就有。比如"青天白日"的说法,从前的中华民国的国旗也体现了这一点。但是现在的中国人未必认为太阳是白的,我问过几个人都说是红的。

(26)问第一次看到日本国旗的外国人中间的红色圆圈表示什么,他们一般都会说是血,或者说象征激情,没有人认为是太阳。

(27)Falter这个词也是蝶和蛾的统称,也有 Tagfalter、Nachtfalter 的强调说法。

(28)小牧健夫译『西東詩集』岩波文库,1962年。

(29)歌德的诗的这个部分,生野幸吉译的『ゲーテ全集』第二卷(潮出版社,1980年)p.101,是正确地译为"蛾"的:「蛾よ、おまえは焼きほろぼされる」。

(30)铃木孝夫「ロシア語の語彙に関する二、三の覚書」『慶応義塾大学言語文化研究所紀要』第二〇号,1988年。

(31)只依靠文献进行语言研究,非常容易进入死胡同,关于这一点请参照铃木孝夫「ギリシャ語のφαλλαιναの語源に関する一考察」『慶応義塾大学言語文化研究所紀要』第二一号,1989年。

# 第二章　彩虹是七色的吗?

## 一　语言反映对世界的认识

**在美国,彩虹是六色的**

如果问日本人彩虹有几种颜色,大家可能会回答:"当然是七色啦!"但是,如果我们放眼看世界上的各种语言,那么关于这个问题的回答实际上就没有我们想象的那么简单。

关于这个问题,这十几年中我多次提起[1],在这里再次把迄今为止已经弄清楚的事实归纳一下。

挂在天空的美丽的彩虹有几种颜色,会因语言的不同而说法不同。知道这件事的人现在还很少。不要说长期研究外语的人,就是自然科学领域的专业学者一般也不知道这个事实。比如我前面提到过的物理学家樱井邦朋先生,他为了从事研究长期住在美国,由于一件偶然的事情才发觉在美国彩虹被认为是六色的。他在自己的著作『「考え方」の風土』(《"思考方式"的风土》)里很风趣地谈了这件事情的经过[2]。

这个事实本身就是很有趣的语言社会学问题。同时这还告诉我们:对于我们人类来说,即使是对客观的自然、物理现象的认识,也往往会由于自己的语言,即个别文化的内在的制约而不可能是完全自由的。

学习外语,并不是像通常所认为的那样,只是单纯地记住任意赋予同一对象(物、事)的不同名称(同义词)。其实事情远不止如此,说得重一些,学习外语还有另一个侧面,关系到人们是如何认识摆在自己面前的世界的这一深刻的问题[3]。

## 如果有世界语……

现在,地球变小了,使用各种不同语言的人们之间的相互交流也不同于从前,开始飞速增加,不同语言之间的笔译、口译将花费庞大的劳力和经费。此外,在任何一个国家,外语学习都占了高等教育的很大一部分内容,而且因人、因国家的情况不同,所需要的外语并不仅限于一种。这对于现代人来说,确实是个头痛的问题。

于是,谁都会想到的一件事情就是:在数以千计的自然语言之外,如果有一种单一的世界语,那将是多么舒心的一件事啊!

但是,创造一种全人类共同使用的世界语这件事,不用说创造过程中的实际困难,从语言的本质来看就包含着理论上矛盾的内容,所以那只不过是无法实现的梦想而已。

为什么这么说呢?因为要想统一世界的语言,在那之前就必须统一决定我们人类对世界的认识。假设我们选定某种人工语言或自然语言为世界语,可是如果我们不能把全人类具有的经验和认识的多样性及其动态的发展从某种观点上进行整合,不能将其归纳在某个特定的框架内,那么这种煞费苦心的形式上的统一也只能成为没有内容的、毫无意义的东西,很快这种统一本身也难逃走向崩溃的宿命。

## 伸缩自如的构造

而且具有讽刺意义的是,假如我们成功地制定了这种整合的框架,那么它将导致的结果就是:从人类语言中夺走其支撑人类认识活动不断变化、发展的基础——畅通无阻的灵活性。

多姿多彩的自然语言所包含的很大一部分词语,都是无法判定其内容或其界限的,而且界限不明这一事实本身就带有难以被语言使用者意识到的特性。

换句话说,语言这种东西,既是已完成的固态化的作品,即希腊语里所说的"埃尔贡"①,同时又是一种精神层面的活动力(energeia),在深处不断地作用于认知对象,从不停止动态地重新把握认知对象的挑战。可以这样认为:语言有时被宽泛地使用,有时被狭义地使用,具备一种可谓伸缩自如的、可以无止境地逐渐展开的构造[4]。

正因为自然语言具备这样一种构造,人类才能够从容地应对时刻变化的、不断展现新面貌的复杂现实。

接下来我们要谈彩虹的颜色的问题,并不仅仅是为了列举一个有趣的新事实,而是希望大家能够把它看作理解语言所具有的把握对象的动态样式与奇妙构造的一个案例。

## 二 英语词典、百科全书中的彩虹

### 日语的彩虹

对于日本人来说,彩虹的颜色一直以来就是七色。说到彩虹就是七色,说到七色就是彩虹,两者之间就是这么紧密地联系着。无论是

---

① 译注:即 ergon。德国语言学家洪堡(Humboldt)用该词来指非产出活动的、作为静态体系或已失去生命的产物的语言,用下文中的 energeia 指并非已失去生命的产物,而是持久的产出活动的语言。

多么小的国语词典,关于彩虹的说明必定会讲到"七色",也证明了两者的紧密联系。

但是,恐怕并没有多少人真的在彩虹出现时,确认过它是否确实是七色吧。五到六色是数得出来的,但是七色,如果没有相当好的观测条件,是很难区分出来的。

但是日本人无论是谁,被别人问到"彩虹有几种颜色"的时候,都会立即回答说"七色"。也就是说,因为人们都说是七色,或小时候曾经被告知是七色,所以也就鹦鹉学舌一般说是七色了。总而言之,因为在日本的语言文化里,彩虹被认定为是七色的,我们也就认为它是"赤・橙・黄・緑・青・藍・紫(菫)/红、橙、黄、绿、青、蓝、紫(绛紫)"这七种颜色,不过是如此而已。①

但是,仔细想想,彩虹是雨后悬浮在空气中的小雨滴像棱镜一样将太阳光折射后形成的,所以从波长最长的红色到最短的紫色(绛紫色),因波长的差异而呈现出不同颜色的光线是连续展开的。

因此,我们仔细观察就会发现,即使是被看作红色的部分,从开始到结束,它的色调也有很大变化,而且在转为橙色之处也没有明显的分界线。只是粗略地去看,映入我们眼睛里的是红色的带子、橙色的带子等,于是我们就把这些综合起来称之为七色。

就是这样,从物理角度来说连续(continuous)存在的对象,日本人将其明确地区分为七种颜色,也就是切分成离散的(discrete)各个部分来看待,这或许是受了日语的语言文化习惯的影响吧。

但是,彩虹这个对象本身,并不是客观地分成七个部分的。所以,即使有的国家习惯于认为彩虹是六色的,那也并不奇怪,而且甚至有

---

① 译注:关于彩虹的七色,中国最普遍的说法是"红、橙、黄、绿、青、蓝、紫"。西方的说法是"红、橙、黄、绿、蓝、靛、紫",源于科学家牛顿把太阳光分解成七种单色光后取的名词。日本的习惯说法与中国相同。后面的译稿中将主要采用西方的"红橙黄绿蓝靛紫"的说法,因为原著主要分析的是西方国家的彩虹颜色的命名。

的语言认为是五色的或者更少，那也没有什么不可以。

颜色的数量少，自然就意味着每个色带所包含的色调的变化幅度大。可是，如果我们因此就说做这种粗略区分的民族对色彩的感觉迟钝，或者对其分辨能力的强弱说三道四，那是完全没有道理的。即便认为是七色，正如前面所说，每一个色带也同样包含着跨度很大的色调。所以，拿这样的问题来进行未开化与文明、感觉的精细与简单的对比，那其实是以某种特定的文化为基准，然后错误地将之绝对化的结果。

## 在文化人类学里

文化人类学的基本姿态是：认为人类的众多文化在价值上是相等的，在相对性的框架中对各种文化固有的神话、世界观、生活方式、价值体系等进行分析。因此，对于彩虹的颜色，不同的民族有不同的看法，这个事实是不会被文化人类学忽视的。

美国的结构主义语言学受到建立在这种观点上的文化人类学的影响，或者不如说它是与文化人类学互为表里而发展起来的学问之一。对这门学问的立场及其研究范围、方法论等做了清晰归纳的一本书是1955年 H·A·格利森（Henry A. Gleason, Jr.）写的《描写语言学入门》[5]。在这本书第一章的开头部分，作为体现语言文化的相对性的一个绝佳的例子，谈到了彩虹的问题。

其中写道：绍纳（Shona）语里是三色，巴萨（Bassa）语里竟然只有两色，而英语里是 purple、blue、green、yellow、orange、red 六色[6]。

我想，读到这里，一定会有很多读者感到惊讶：说彩虹是六色已经很奇怪了，而有的民族竟然只有三色、两色，简直不敢相信。

但是，据格利森说，比如讲巴萨语的人认为彩虹是两色的，是有很好的令人信服的理由的。在现在已经相当发达的植物学里，也承认有必要把所有变幻万千的花的颜色分为两大类，即青色系和黄色系。

但是由于没有表达这种概括性概念的适当的词语，只能用古希腊语新造了 cyanic 和 xanthic 两个词。而实际上，巴萨语里把彩虹的颜色分为 hui 和 zīza，就正好相当于 xanthic 和 cyanic 这两个科学用语。

## 英日词典中的彩虹

我们在学习英语的时候，特别是想知道某个单词的意思的时候，最常利用的应该是词典吧。日本人的话，一般就是查英日词典。但是在我见过的大大小小十多种英日词典中，迄今为止没有一本谈到过在英语里彩虹为六色这一事实[7]。

这样的话也就难怪了。尽管日本把英语作为最重要的外语来学习已有一百多年，如今在义务教育阶段英语事实上已经成为必修课，而且源于 rainbow 的"レインボウ/彩虹"一词几乎已经成为日语了，可这个 rainbow 不是七色而是六色的，知道这个事实的人却并不多。

## 英英词典中的彩虹

人们常说，想要稍微深入一点学习英语的人，仅靠英日词典是不行的，必须使用英国或美国出版的所谓英英词典，否则就理解不了细微之处。可是，就现在我们在这里讨论的彩虹颜色数量的问题来说，我们指望的英英词典大多数帮不上什么忙。

之所以这么说，是因为几乎所有的英英词典，关于彩虹的形状、产生的原理、含有彩虹这个词的惯用语等都写得很详细，但是关于关键的彩虹颜色数量却没有具体的说明。下面我举几个例子。

大家都知道，在英语词典中，从语言学的角度讲最为详细也最可信赖的是通常简称为 OED（NED[①]）的 *The Oxford English*

---

① 译注：即 *New English Dictionary*，*The Oxford English Dictionary* 的原名。

Dictionary。其中关于 rainbow 的定义是：

> A bow or arc exhibiting the prismatic colours in their order, formed in the sky opposite to the sun by the reflection, double refraction, and dispersion of the sun's rays in falling drops of rain.

也就是说，关于彩虹颜色的数量和种类，OED 中仅仅是通过棱镜的色彩间接地做了表述。这部庞大词典的简编本 *The Shorter Oxford English Dictionary*（SOD）里，关于彩虹的说明完全照搬了 OED。

另外，在美国出版的词典中，最权威也最广为人知的"韦氏大词典"（*Webster's Third New International Dictionary*, 1969）是一本既解释词语也具体说明事物，带有较强的百科全书性质的词典，可是在这本词典里也没有具体地谈到彩虹颜色的数量。

> A circle or from the usual viewpoint an arc of a circle exhibiting in concentric bands the several colors of the spectrum and formed opposite the sun by the refraction and reflection of the sun's rays in drops of rain.

再继续详细地引用就显得烦琐了，就到这里吧。我从众多词典里把有关彩虹颜色的部分摘出来，归纳在下面。

表1　英英词典中看到的"rainbow"的词义

Arc or bow of different colours
　　　　　　　　　（*Collins English learner's Dictionary*, 1974）
A bow or arc of prismatic colors (*The Random House Dictionary*, 1967)

An arc of colors (*Oxford American Dictionary*,1980)

An arc of colours (*Oxford Paperback Dictionary*,1983)

Arc containing the colours of the spectrum

(*Oxford Advanced Learner's Dictionary*,new ed.,1974)

An arc of spectral colors (*The American Heritage Dictionary*,1969)

A bow or arc,showing the colours of the spectrum

(*The Universal English Dictionary*, 1934)

A bow or arc of prismatic colors (*The American College Dictionary*,1951)

An arc of different colours

(*Longman Dictionary of Contemporary English*,1987)

The coloured bow

(*Chambers Twentieth Century Dictionary*,new ed.,1974)

Arc showing prismatic colours

(*The Concise Oxford English Dictionary*,4 ed.,1951)

Arch showing sequence of colours formed in sky

(*The Pocket Oxford Dictionary*,1978)

The colours of the rainbow are those of the spectrum in the same order

(*Harmsworth's Universal Encyclopedia*)

如上所示,大部分的英英词典中,关于彩虹的颜色都只谈及光谱和棱镜,然后使用了 different(不同的)、several(几种)等形容词。甚至有些词典仅仅使用了 of colours、coloured 来表示色彩是复数。

那么究竟是为什么,这么多的词典都没有提到前面格利森明确说出的英语里彩虹是六色的这一事实呢?

## 百科全书中是七色

我曾经在文章中,在上述情况的基础上写道:看来在英国和美国出版的词典中,用具体数字表示彩虹颜色的词典一本也没有。然而,意想不到的是,有位热心的读者告诉我,并非完全没有,有几本百科全书是明确讲到数量的。

比如,在 *Young People's Science Encyclopedia* (ed. by the staff of National College of Education, Children's Press, Chicago) 里,彩虹的定义如下:

> A rainbow results because the droplets of water act like a prism breaking the white light of the sun into seven colors, although one blends into another and fewer than seven are often seen.

也就是说,彩虹本来是七色的。而且,在这本书的 color 这个词条里,写着彩虹的七色是:red, orange, yellow, green, blue, indigo and violet[8]。此外,我还知道了在 *Encyclopedia Americana*、*Everyman's Encyclopaedia* (1978) 等百科全书里也写着七色。

我还发现了一件更有趣的事情。自初版以来关于彩虹的颜色一贯只写"arc showing prismatic colours…"的 *The Concise Oxford Dictionary* (COD),在全新修订的第六版 (1977) 里,第一次对七种颜色的色名做了如下的具体说明:

> Arc showing sequence of colours (conventionally red, orange, yellow, green, blue, indigo, violet) formed in sky(or across cataracts etc.) opppsite sun by reflection, twofold refraction, and dispersion of sun's rays in falling raindrops etc.

此外,在 *Thorndike-Barnhart Comprehensive Desk Dictionary* (1951) 里也是七色,像日语里一样,在蓝色和紫色之间加入了靛色。

就是这样,我发现不仅在百科全书里,一般的词典里也有写明颜色数量的,而且其数量不是六色,而是七色[9]。这么一来,我也搞不清楚英语里的彩虹究竟是几色的了。

## 三 文学、童话、绘本里的彩虹

### 词典的编写方法

不仅是彩虹的词义,词典里的语义表述,原本应当是这样产生的:负责编纂词典的人直接分析各种语言资料,在此基础上归纳自己的想法,然后写下来。

但是,做这项工作的时候,要想亲自从实际的语言资料中把所有词语的用例和意义都收集起来,那会受到种种制约而很困难。因此,无论是东方还是西方,都是把以前编写的词典类书籍拿来做参考,然后或多或少加以修改,编成一本新的词典,这种做法也是合乎常理的。那么,对于我在这里讨论的英语里彩虹颜色的表述这个问题,我不得不这么认为:之所以很多词典没有谈到具体的颜色数量,很有可能是因为在很早以前编写的某本词典里恰巧没有谈及这件事,从而影响了后来编写的词典的表述。

另外,很多词典专家往往都只重视文献性的语言资料(词典、文学作品等),而不善于关注支撑语言的现实,即作为语言前提的具体事物和事情。有很多事情往往你怎么查阅参考文献都搞不懂,弄不明白,可是当你看到实物,或者你对于某件事情有了实际的了解,那就根本不是什么大不了的事。

因此,我首先着手收集了用英语写的涉及彩虹的小说、诗歌、童话、绘本。然后,我直接向以英语为母语的人询问了有关彩虹的问题。接下来,我向大家展示一部分结果。

## 英国的小说

①有一位爱尔兰的女作家，名叫艾德娜·奥布莱恩（Edna O'Brien）。她很善于描写人们的细微感情，她创作的优秀小说里对年轻姑娘的情感描写尤其生动。她有一部小说叫作 *Girl with Green Eyes*（『緑の目をした少女』/《绿眼睛的姑娘》），其中有一段是这样描写七色彩虹的。

"I'm glad you told me," he said, "I'll make a note of that," the merest hint of sarcasm in his rich voice. A rainbow was arched in the bottom of the sky and looped across the sunny hills. I counted its seven colours; behind it the sky was changing from blue to water-green and I could feel my attitude to him changing, like the colours of the changing sky.

## 翻译文本

②P·L·特拉弗斯（Pamela Lyndon Travers）写的玛丽·波平斯系列童话在日本曾因电影而闻名。其中有一篇面向少男少女的 *Mary Poppins Comes Back*（《玛丽·波平斯阿姨回来了》）[10]。里面写到的彩虹是像下面这样六色的。

The king looked at the rainbow and its shimmering stripes of violet, blue and green, and yellow and orange and red. Then he looked at the Fool.

然而，有趣的是，这一段在日语译本里就变成了七色，而且对此没做任何说明。

王さまは、虹と、そして、紫(むらさき)、藍(あい)、青、緑、黄、だいだい、赤の、ちらちらする光のしまをながめると、道化(どうけ)のほうを、じっと見ました。(『帰ってきたメアリー・ポピンズ』林容吉訳、岩波少年文庫、一九七五年、二〇一頁)/国王看着彩虹，它那紫、靛、蓝、绿、黄、橙、红的条纹熠熠发光。然后他看向了小丑。(《玛丽·波平斯阿姨回来了》，林容吉译，岩波少年文库，1975年，p.201)

为什么要加入原著中没有的"藍(靛)"呢？是认为纯属遗漏而随手补上的呢？还是因为担心日本的读者会感到奇怪而加上的呢？总而言之，一个翻译时绕不开的宿命般的问题，在这里很典型地体现出来了，十分有趣。

## 关于彩虹的一切

③在美国出版了一本名为 *Rainbows* 的很奇怪的书[11]。这本书约有80页(但奇怪的是没有一个表示页码的数字)，每一页都各有一幅实物的或幻想性的彩虹图，各种形状的彩虹的水彩画一页接着一页。图画反面的内容从彩虹的定义开始，到带有彩虹(rainbow)的地名、物品名、歌曲名等，还有很多咏唱彩虹的诗、饶有文采的词句等，真可以说是一本罗列了关于彩虹的一切的书。其中有一页写着：

> Red and orange,
> green and blue,
> shiny yellow,
> purple, too.
> All the colors
> that you know

are found

up in

the rainbow.

当中列举了六种颜色。当然,这本书里的几十幅彩虹图,都是六色的。

## 绘本等

④有一本名为 *Rainbow Rhymes* 的绘本[12],是一位名叫弗吉尼娅·帕森斯(Virginia parsons)的人为孩子们编写的。这本书把图画和诗歌组合在一起,用了精美的彩印工艺,封面上画着六个可爱的小孩把彩虹当作滑梯,从上面滑下来。

这本书的扉页是对开页,画着六种花。有红色的郁金香、橙色的金盏花、黄色的罂粟花,绿色的是带着叶子含苞待放的天竺葵,蓝色的是勿忘草,还有紫色的是三色堇。正文部分也全部设计成对开页,彩虹的六种颜色逐一配上图画和短诗不断展开,是一本令人愉快的绘本。

⑤我曾经看到过一本有趣的书,是一本美国出版的赞美嬉皮士式的生活方式的书[13]。整本书完全不用铅字,直接印刷手写的原稿,插图也是作者自己想办法插入的,是一本与众不同的书。其中以堆叠色彩名的方式描绘了一幅彩虹,是 red、orange、yellow、green、blue、purple 六色。

⑥我的同事高宫利行教授,是研究中世英语的专家。他在美国新奥尔良的一家书店里,看到墙壁上挂着一幅六色彩虹的画(壁挂),特意为我拍了照。卷首插图里展示的就是那幅画。

## 四　学校教育中的彩虹

### 科学教育方面

有一次，我参加了一个有关语言基础研究的会议。这些研究是由文部省提供科研经费的。在会上我围绕前面所说的英语的彩虹的话题做了一个简短的报告。几天后，我收到了国立教育研究所科学教育中心负责人大桥秀雄先生的一封信，他很热情地告诉我："英国 Association for Scientific Education 的机关报 *The School Science Review*，Vol.59，No.206（1977年9月）里谈到彩虹的颜色为七色，所以我把复印件寄给你。"我打开随信附件一看，在 THE ENERGY GAME 的标题下，有几个物理、化学、生物的问题，其正确答案分别在括号里。其中有一个是这样写的：

　　Name the colours of the rainbow.（Red, orange, yellow, green, blue, indigo, violet）

由此可知，英国的教育工作者认为有必要告诉孩子们彩虹是七色的。但是，我前面已经说过，彩虹为七色这个观点本身就不能说是科学事实。

### 彩虹颜色的记忆法

彩虹到底是不是七色暂且不谈。有一次我跟当时在庆应义塾女子高中担任英语教师的长沼登代子老师谈论起英国小学里彩虹颜色的说法。长沼老师说她的一个学生小时候是在英国上的小学，好像知道一个有趣的记忆彩虹颜色的方法。于是她去调查了一下，是这样一个口诀：

Richard of York gained battles in vain.

小学生们通过背诵这个朗朗上口的短句，就能够根据每个词的首字母逐个地想起彩虹的七种颜色，比如Richard就是red，of就是orange等。

有一次我受邀到英国大使馆海军武官的家里做客。我想趁这个机会了解一下上面这个记忆法在英国有多普及，便向当时在座的三位武官提出了这个问题，没想到他们异口同声地喊道："Vibgyor!"

我正在思索这是怎么回事的时候，他们告诉我，为了记住彩虹的颜色，男孩子们不用Richard来记，而更常用vibgyor这个词，它虽然没有具体含义，但一口气就能讲完，而且很容易记住（mnemonic word）。因此男女记忆色彩的顺序是相反的[14]。

后来，在庆应义塾普通部担任国语教师的铃木淑博老师——他那时正在听我的语言学课程——告诉我，英国教师W·B·斯塔布斯先生曾告诉他另外一个记忆方法。那句话是这样的：

Read of your good books in verse.

这句话虽然语法上有点问题，但是说得很妙："良書は韻文で読みなさい/好书请用韵文读。"

## 直接询问

后来，我得到一个机会，以访问学者的身份在英国剑桥大学的两个学院待过半年。每天在校长、导师用餐的地方吃饭的时候，如果身边坐着没接触过的人，我就会把话题拉到彩虹的颜色上去，提出各种各样的问题。结果,我又知道了一个新的记忆方法,那就是用一个虚构的人名 Roy G. Biv 来记忆彩虹的颜色。也就是说,至此我已经收集了4种记忆方法[15]。

让我吃惊的是,我向这么多的英国人直接询问了彩虹的颜色,发现他们的反应与日本人完全不同。既有人说八种、九种,也有人说从来没想过。其中也有人说应该是无限种吧,可以说是给出了正确答案(?)。也有人说在学校里学过但忘了,还有人很困窘地说记不清是六种还是七种了。总之每个人都有不同的说法。

## 七色和六色

前面我长篇累牍地讲了英语里彩虹的颜色究竟是多少种,在此简单地谈一下目前的结论。那就是:在物理科学领域的书(百科全书也属于这一类)里是七色,以此为基准的学校教育一线也认为七色是正确的,至少在英国是这样的。

但是在民众层面,一般认为是六色。因此,前面提到的格利森等研究传统文化的文化人类学家才会说是六色。所以,在与学术没有直接关联的生活领域里,如绘本、童话以及含有彩虹图案的设计和商品中,六色彩虹占了主流[16]。

而学校教育为了消除这种差异,做了很多的努力,结果就是想出了前面讲的各种记忆方法。但是,不管是六色还是七色,英语国家的人与日本人不同,关于彩虹颜色的具体数量,他们平时并不大谈起,也不是很在意,由于他们具有这种文化习惯,所以一旦有人问起彩虹颜色的数量,他们往往会说不清楚。

那么,为什么在科学文献(领域)里会出现七色呢?关于这一点,我想先概观一下英语以外的几种欧洲主要语言里的彩虹颜色,然后再来谈。

## 五　法语、德语、俄语的彩虹

### 法语的彩虹

法国与英国隔海相望，数百年来在方方面面都和英国保持着密切交流。在法语里，彩虹（arc-en-ciel）是怎么样的呢？非常有趣的是，和英语恰恰相反，答案极为简单，那就是彩虹颜色的数量与日本一样，总是七色的。

词典里的表述也和英语形成鲜明对照，几乎所有的词典里都清楚地写着七色，而且具体地列出了各个色名。下面举两三个例子。

1. *Nouveau Petit Larousse Illustré*,1940.

Météore en forme d'arc, présentant les sept couleurs du spectre et résultant de la refraction et de la réflexion des rayons solaires sur les nuages. Les sept couleurs de l'arc-en-ciel sont：violet,indigo,bleu,vert,jaune,orange,rouge.

2. *Larousse Classique*,1968.

Météore en forme d'arc, présantant les couleurs du spectre et résultant de la dispersion de la lumière solaire par réfraction et réflexion dans les gouttes d'eau d'une pluie.—les sept couleurs de l'arc-en-ciel sont：violet,indigo,bleu,vert,jaune, orange,rouge.

3. *Dictionnaire alphabétique & analogique de la langue française*, par P. Robert,1981.

phénomène météorologique lumineux en forme d'arc, offrant les couleurs du prisme(violet,indigo,bleu,vert,jaune, orange,rouge),et...

大致都是以上这样的表述，但是也有像词典 *Littré et Beaujean*（1929）那样，关于彩虹的颜色只是说 les couleurs du prisme（棱镜的颜色）的。

直接询问法国人，他们毫无例外都回答七色，词典的表述与这一事实是一致的。有一件有趣的事情是：从上面词典中的定义可以看出，法语的词典在列举色名的时候，与英语相反，是从紫色开始到红色结束的。不过，据上智大学泉邦寿教授说，偶尔也有从红色开始的词典，所以我直接询问的法国人中，也有三个人是从红色开始列举的。这样看来，英语里的 vibgyor 一词也是法语式的。

众所周知，法国与英国等国家相比，教育方面的规范性更强，词语也是按照所背诵的词典里的定义来使用的。法国人对彩虹颜色的统一的认识，或许与这一事实有关。总之，法语和英语有这么明显的差异，是很有趣的事情。

## 德语的彩虹

德语里有关彩虹颜色的问题我还不是很清楚，但我问过的几个人全都说是五色，并告诉我是 rot（红）、gelb（黄）、grün（绿）、blau（蓝）、violett（紫）。我因此得出一个大致的结论：德语里通常是五色吧。可在一堂讨论课上，有三个讲德语的人，一个说彩虹的颜色是无数种，另一个说是六色，还有一个回答说"七色（？）"。这让我很是吃惊。不过那个回答"七色（？）"的，仔细看他的答案，是在前面列举的五色之外，加上了 ultrarot、ultraviolett（unsichtbar），也就是把红外线和紫外线这两种不可见光也加进去了，因此说到底他回答的颜色还是五色。

下面我们看看德语的词典、百科类书籍中的表述吧。

1. Duden: *Das große Wörterbuch der deutschen Sprache*, 1980.

der: bunter, in mehreren abgestuften leuchtender Bogen, der an dem der Sonne gegenüberliegenden Teil des Himmels durch Brechung des Sonnenlichts im Regen entsteht.

这里只说是"闪耀着几种颜色的弧",至于光谱以及颜色数量则完全没有谈到。

2. Brockhaus-Wahrig: *Deutsches Wörterbuch*, 1983.
eine atmosphärisch-optische Erscheinung, die aus einem in den sieben Spektralfarben leuchten Bogen besteht u. durch Brechung u. Reflexion der Sonnenstrahlen in den einzelnen Regentropfen entsteht.

这里说的是"发出光谱的七种色彩的光的弧",明确地写了七这个数字。

3. *Meyers Enzyklopädisches Lexikon*, 1977.
…ein in Spektralfarben leuchtender Kreisbogen…
(闪耀着光谱的色彩的圆弧)
4. *Brockhaus Enzyklopädie*, 1978.
…einem in den Spektralfarben leuchtenden Bogen…
(闪耀着光谱的色彩的弧)

上述的两本百科全书里只谈到光谱的色彩,没有谈到具体的数量。另外,德语语言学权威岩崎英二郎教授特意为我查了东德科学院版的 *Wörterbuch der deutschen Gegenwartssprache*,其中彩虹的颜色为七色,具体内容如下:

Regenbogenfarbe; Farbe des Sonnenspektrums; die sieben Regenbogenfarben.

（彩虹的颜色＝太阳光谱的颜色。彩虹的七种颜色）

但是有趣的是，据说岩崎教授直接询问的德国人回答说是五色。

另外，西德出版的外国人学德语的入门书 *Sprachbrücke l , Deutsch als Fremdsprache*, von Gudula Mebus et al.(1987)的封面上，画着一道缺少靛色的六色大彩虹。

这样看来，德国也和英国相同，民众层面的认识和百科全书的科学性表述之间有可能存在差异。

日本出版的内容详细的德日词典，目前有《相良大德日词典》（初版、1958年）和小学馆的《德日大词典》（初版、1985年），两者的表述都为"彩虹的七色"。但是，这究竟是根据德语的资料而来的，还是编写该条目的日本人根据日语的文化常识而写的呢？现在还不清楚。

## 俄语的彩虹

俄语里人们是怎么想彩虹的颜色的呢？去年（1988年）我有机会去苏联科学院东方学研究所待了3个月，我把解决这个问题作为自己的工作之一，访问了莫斯科。

同样，我不仅查阅了词典、百科类书籍，还向许多人询问，在街上行走的时候也到处搜寻人们日常生活中的彩虹的图画、设计图案，不断地观察各个方面。

俄语里的彩虹叫作"拉杜格"（радуга）。俄罗斯（苏联）人好像很喜欢彩虹，在书本的封面、邮票、招牌等处经常能看到。

下面从我记录下来的材料中，举出几个色彩区分得比较明确的例子。

① 四色的彩虹画

*Arco Iris*, Traducido del ruso por Sara González Hernández, Издатедьство,《Детская Литература》,1977.

这是一本面向儿童的题为《彩虹》的诗集,封面上画了一道半圆形的彩虹,是四色的(从外向内依次为橙、黄、绿、蓝)。我买的书是俄语原书的西班牙语译本,但封面是与原书一致的,就拿来做了例子。

② 五色的彩虹

*Экология человечества глазами математика*, Н. Моисеев,《Молодая Гвардия》, Москва,1988.

这本书题为《数学家眼中的人类生态学》,是一本面向青少年的科学启蒙书,封面上有一道半圆形的五色的彩虹,其颜色从外向内依次是红、橙、黄、绿、蓝。

另外,在莫斯科市东北郊有一个很大的文化休闲森林公园,叫作伊兹梅洛夫斯基公园,在其入口处竖着一块很大的牌子,上面写着公园开放的时间。这块牌子上斜画着一道直线形的彩虹,横贯中央,其色彩从上往下依次为蓝、绿、黄、橙、红五色(参照卷首插图)。

③ 六色的彩虹

*Моя Земля*, Анатолий Салуцкий,《Детская Литература》, Москва,1988.

这本题为《我的大地》的书,内容是关于农业,特别是小麦栽培的,是一本供青少年读的启蒙书。它的封面上画着一道四分之一个圆的彩虹,从外到内依次是红、橙、黄、绿、蓝、紫六色。

④ 七色的彩虹

*Космос*, М. Я. Маров,《Детская Литература》, Ленинград, 1987.

这本书题为《宇宙》，是面向青少年的解说宇宙科学的书。封面上以月亮和许多星星为背景，画了一道很大的半圆形的彩虹，从内侧的紫色开始到外侧的红色结束，共七色。

前面列举的例子，选的全都是能清楚地区分每一个色带的图。除此之外，我还看到过很多书和资料描绘的是从一个色带向另一个色带连续变化的彩虹。这种情况下无法确认作者意识到的是几种颜色，所以没有放在这里做例子。

由此我们可以知道，现代的俄罗斯（苏联）文化中，彩虹颜色的数量因人因事而不同，显得相当纷繁。而在日本文化中，受到迄今为止的强大的社会制约的影响，彩虹几乎总是被画成七色。可以说，在这一点上，俄罗斯与日本有很大的区别。

## 六色彩虹的邮票

比如，1978年5月20日，日本邮政省发行了国土绿化纪念邮票"架在森林和足折岬上的彩虹"（参照卷首插图）。但是，据说看到事先发布的图案，人们意见很大，说："彩虹的颜色少了，很奇怪，应该重印！"同年4月18日的《东京新闻》日报的"茶梗"专栏中，有关那段时间的事情是这样说的：

◇……"彩虹的颜色少了哦。"

邮政省计划于5月20日发行的国土绿化纪念邮票的图案中，彩虹只有六色。

◇……这枚邮票为宽2.5厘米、长1.85厘米的普通尺寸。图案以森林和足折岬为背景，配以表示光明未来的彩虹，但彩虹缺少靛色，成了六色的彩虹。该省邮票室称，为了设计效果，没办法才做成六色。

◇……彩虹缺少某些颜色的纪念邮票以前也有过，日本在1960年发行的"移居夏威夷75周年纪念邮票"只有三色（参照卷首插图）。据说荷兰还有过六色的气象台纪念邮票。前述国土绿化纪念邮票现在已经印了五千万张,说是"不打算修改为七色重印"。看来这将引起集邮迷的议论。

从这些议论可以看出,所有相关人员对于彩虹本应是七色的(外国也是)的认识是一致的。但是我感觉到,这种文化方面的均质性最近在日本也出现了开始迅速崩溃的征兆,关于这一点,以及在"太阳的颜色"中发现的同样的问题,我之后再谈。

还要指出一点,这个专栏中说的"彩虹表示光明的未来"的看法,从文化角度来看我觉得很有意思。诚然,当今的日本人认为彩虹很美,令人喜欢。彩虹给人以向往之物、美丽的梦境的印象。

然而,世界上也有不少的文化认为彩虹是不吉的预兆,是不讨人喜欢的。另外,日本把彩虹看作架在天空中的桥梁,而有的文化把彩虹看作巨大的龙。事实上,汉字的"虹"就是虫字旁,这正是把彩虹看作与蛇同类的动物的一种。

## 在俄语词典里

话题有点偏了,我们还是再回来谈谈俄语的"拉杜格"吧。我曾经请东方学研究所里熟悉文学的人帮我调查:俄罗斯苏维埃联邦社会主义共和国的文学作品中有没有清楚地写到彩虹颜色的数量和种类的例子。遗憾的是没有发现好例子。在伊万·阿列克谢耶维奇·蒲宁(Иван Алексеевич Бунин)写的以彩虹为主题的 *Две радуги*(《两道彩虹》)里,也没有写明彩虹的色彩的总数。

说到词典里的表述,在具有代表性的语言学词典"乌沙科夫大词典"[17]中,"拉杜格"的词条的说明为"разноцветная дугообразная лента...",也就是"多彩的圆弧状的带子……",然后从屠格涅夫(Тургенев)的作品中引用了一句话作为例子:"Семь цветов радуги. Неровные стекла окон отливают цветами радуги."(彩虹的七色。凹凸不平的玻璃窗看上去像彩虹的颜色。)

另外，对彩虹（"拉杜格"）的形容词 радужный 的说明是"семи—или многоцветный"，即"有七色或更多颜色的"。

此外，在沙俄时代出版的一本小小的百科全书式的词典[18]里写到，彩虹是"состоитъ изъ 7 концентрическихъ колецъ, окрашенныхъ во всѣ цвѣта спектра"，即"具有光谱的全部色彩，由七个同心圆组成……"。

## 俄罗斯人的背诵法

我在科学院的时候，有一位一直帮助我调查的学者，他名叫弗拉基米尔·别利科夫（Владимир Беликов），在东方学研究所担任大洋洲地区语言研究工作。这位先生既是一位语言学家，也是一位对民族学、民俗学、文化人类学很感兴趣并具有丰富知识的青年学者。对于我的询问，他不仅能够马上给出合适的回答，而且会广泛地查阅文献，并向很多学者朋友确认疑问之处，是不可多得的人才。

这位别利科夫先生告诉了我下面这个非常有趣的记忆法，这是广为人知的用来记忆彩虹颜色和数量的方法。

| Каждый | охотник | желает | знать, | где | сидит | фазан. |
|---|---|---|---|---|---|---|
| どの | 猟師も | 欲する | 知ることを | どこに | ひそむか | 雉子が |
| 每个 | 猎人都 | 想 | 知道 | 哪里 | 藏着 | 野鸡 |

据说记住这个通俗易懂的有具体意义的短句，就能够马上回忆出彩虹的颜色和数量，因为构成这个句子的七个单词的首字母与彩虹的七种颜色的首字母是相同的，即 к＝красный（红）、о＝оранжевый（橙）、ж＝жёлтый（黄）、з＝зелёный（绿）、г＝голубой（蓝）、с＝синий（靛）、ф＝фиолетовый（紫）。

这与前面讲过的英语记忆法的性质完全相同，而且编出这种用于记忆的短句,就说明与使用英语的人们一样,如果不努力去记忆,普通人就很容易忘记彩虹的颜色是七色。其证据就是,我曾经直接问过几个人有关彩虹颜色的问题,他们都记不清楚,只有两个人回答是七色。

此外,这七个色名中的 оранжевый、фиолетовый 明显是外来语,从这一点我们可以知道,从前(现在也同样,如果没有知识方面、教育方面的努力)在普通的俄罗斯人的意识中彩虹大约是五色的。前面所说的4～7色的彩虹就反映了这种意识,即便这些图案有其设计上的考虑。

### 为什么是七色?

综上所述,概观英语、法语、德语、俄语这欧洲四大语言中有关彩虹颜色的看法,我们可以看出:除法语外,在其他三种语言中,大众至少不会认为彩虹是七色的。

法国人之所以一般都认为是七色的,恐怕是因为其教育的规范统一性太强了吧,我在前面也讲过这个推测。那么为什么在科学和教育领域,不仅仅是法国,其他国家也大多认为是七色的呢?关于这一点,我想在下一节中谈谈自己的想法,同时把有关彩虹的问题做一个总结。

## 六　科学家的彩虹、民众的彩虹

### 西洋古典语言中的彩虹

众所周知,西洋的各种学问大多继承了古希腊、古罗马的学问,而后打破其桎梏走向了各自的发展道路。

然而,西方学习古希腊和古罗马的文献的原典,其实是文艺复兴以后的事情,而且,在所有的学问从基督教倡导的神学世界观中解放出来之前,其与教会之间还有过一段严重对立的紧张的漫长历史。

不管怎么说,我们在考虑现代欧洲语言里的彩虹颜色的问题的时候,如果能够知道在古代世界里是怎样考虑彩虹的,那肯定会成为解开这个谜题的重要线索。

幸运的是,关于古代世界里如何认识彩虹的问题,已经有人发表了可供我们参考的研究成果。

研究拉丁语色彩词的 J·安德烈(J. André)在他的著作中,结合本世纪初 W·舒尔茨(W. Schultz)发表的有关希腊语的彩虹的研究成果,归纳整理了古典文献中出现的彩虹的色彩,见下表[19]。

**表2　西洋古典文献中的彩虹**

|  | VIOLET | BLEU-INDIGO | VERT | JAUNE | ORANGE | ROUGE |
|---|---|---|---|---|---|---|
| Xénophane | πορφιροῦς |  | χλωρός |  |  | φοινικοῦς |
| Aristote | ἀλουργῆς |  | πράσινος | ξανθός |  | φοινικοῦς |
| Posidonios | ἀλουργῆς | κυανοῦς | πράσινος |  |  | ἐρυθρός |
| Sénèque, N. Q. I, 3, 12 | purpureus | caeruleus | uiridis | luteus |  | igneus |
| Amm. Marc., XX, 11, 27-28 | purpureus | caeruleus | uiridis | luteus | flauescens uel fuluus | puniceus |

从表中可以看出,希腊语中,最古老的克塞诺芬尼(Xénophane)①

---

① 译注:约公元前570年—约公元前470年,古希腊哲学家、诗人、历史学家、社会和宗教评论家。

的文献里是三色,亚里士多德(Aristote)①的文献里是四色,波希多尼(Posidonios)②的文献里也是四色,不过,一部分用语和色彩的区分多少有所不同。拉丁语中,塞涅卡(Sénèque)③的文献里是五色,马塞林努斯(Amm. Marc.)④的文献里是六色。仅以此看来,西洋的古典文献里(至少在现存的资料里)找不到把彩虹的颜色看成七色的例子。

这张表里特别值得注意的是亚里士多德把彩虹看成四色这一点。众所周知,亚里士多德的庞大的著作不用说在古代中世,即使到了近现代也仍有强大的影响力,可以说是西洋的学问的源泉。所以如果亚里士多德认为彩虹是七色的,那么现在欧洲的代表性语言中反映出这个传统,也是毫不奇怪的。

可是,这位亚里士多德认为彩虹是红、黄、绿、紫四色的。那么,七色的起源就必须从别的地方寻找线索。

## 七色源于牛顿?

那么,我们都会想到这么一件事,那就是:可谓近代光学之祖的英国的牛顿会不会就是把彩虹看作七色的第一人呢?

很多读者想必记得,在中学做物理实验的时候,把房间变暗,让阳光从一条小小的缝隙中射入,穿过棱镜,墙上就会出现美丽的七色

---

① 译注:公元前384年—公元前322年,古希腊哲学家,被誉为"百科全书式的学者"。

② 译注:也称作"罗德岛的波希多尼"或"阿巴马的波希多尼",约公元前135年—公元前51年,古希腊斯多葛学派哲学家、政治家、天文学家、地理学家、历史学家和教育家,被当时的人称为通才。

③ 译注:约公元前4年—65年,古罗马政治家、斯多葛学派哲学家、悲剧作家、雄辩家。

④ 译注:全名Ammianus Marcellinus。约330年—约395年,罗马帝国后期历史学家。

光谱。

而且,对我们日本人来说,与欧洲的传统无关,我们的文化本来就认为彩虹是七色的,所以我们通过在教室里做的实验,就会自然而然地在头脑中把牛顿、棱镜、光谱这些名称与"七色的彩虹"联系在一起,并且这些已经成了常识。

但是,作为英国人的牛顿,在实验室里第一次使用棱镜分解太阳光的时候,肯定不会像日本的中学生那样简单顺利。首先,英国的大众文化中并没有把彩虹看成七色的习惯,这一点前面已经说过了。第二,牛顿所熟知的亚里士多德的学问里也找不到支持把彩虹的颜色看成七色的依据。

所以,我们可以想象得到,为了将通过棱镜折射后拥有多种颜色的色带定为七色,正如我们在他的《光学》中所看到的那样,他必须多方面阐述其依据和正当性[20]。因此他提出"七"这个数字在基督教神学中所具有的神圣性(可参照 Seven Cardinal Virtues, Seven Deadly Sins, Seven Sleepers of Ephesus 等)来使自己的观点正当化,并且还要附上与他一起做实验的助手同样判断色带为七色的证言[21]。

牛顿为了表示靛蓝色,在《光学》(1704)中使用了 indico(现代英语的 indigo)作为色彩名。而这个词,OED 显示它在英语里最早出现是在1622年,由此可以看出,当时这显然还不是一个普遍使用的色彩用语(它作为植物名、染料名的用法更古老)。

像这样,他认为把光谱亦即彩虹的颜色定为七色具有某种意义,为此甚至把还没有普及的新词拿来使用。我不由得再次感受到当时教会的力量之强大,甚至于自然现象的学术性解释也难免受其干涉。

## 以《光学》为出发点

在此,关于牛顿对光谱的表述,我从语言文化的角度再指出一件有趣的事情。在《光学》的原典里,命题Ⅱ、定理Ⅱ的部分是这样写的:

> The Spectrum *pt* formed by the separated rays, did...
> appear tinged with this series of colouring, violet, indico, blue,
> green, yellow, orange, red, together with all their intermediate
> degrees, in a continual succession perpetually varying.
>
> Newton, *Opticks*, 87-8（摘自 OED）

大家看到,这段话中七种颜色是从紫色开始至红色结束的。而正如前面详细列出的那样,现在很多的英语词典和百科全书里关于彩虹颜色的表述都类似于"A bow or arc exhibiting the prismatic colours in their order"（OED）。但是实际上说明七种颜色的时候,就像 COD 那样,很多都是从红色开始的（见本书第52页）,而且事实上英国人记忆的顺序也多是从红色开始的。

在某个时候,关于"棱镜的色彩的顺序"的表述颠倒了。这样看来,从紫色开始数彩虹颜色的法国式数法,或许可以说更忠实（?）于牛顿的原典。当然,仅从彩虹本身来说的话,实际上同时存在内侧和外侧两道彩虹,色彩的顺序是相反的,从哪一头开始数都是没有问题的。

那么,我们可以很容易地想象到:如前面说明的那样,牛顿认定太阳光的光谱为七色,并通过他的《光学》等著作广泛地发表这一观点,后来这个"事实"就迅速地传遍全欧洲的学术界并固定下来。因为《光学》不仅有英语版,法语、拉丁语等译本也相继出版了。

还因为无论是赞成还是反对牛顿关于光和色彩的看法和理论,他的《光学》此后一直是各种讨论的出发点,而且并没有资料显示牛顿把光谱色彩的数量定为七色这件事情本身曾成为争论的焦点。

## 科学领域和民众层面

我对光学和色彩论可以说完全是外行,上面我谈到的这些历史经过,我也无法通过实证来证明,但我谈论的要点可以整理如下。

现在,我们看到在用欧洲的主要语言撰写的科学(教科)书或百科全书等书籍中彩虹的颜色被认定为七色,这并不是由于文化习惯本不相同的各个国家的学者们根据独自的体验和观察,互不干涉地各自认定其为七色并且结果恰巧一致。很有可能牛顿的观察结果(解释)是唯一的源头,并向各国扩展开来,形成了这一现象。

这样去考虑的话,我们就能够理解为什么即使是在牛顿的老家英国,至今也还需要各种记忆法,以及为什么在相对更晚一些接受西欧学问的俄罗斯等国家也会出现与英国完全相同的情况。

通过以上这些复杂的事实和推论,我终于可以回答本章开头提出的"英语里彩虹究竟有几色"的问题。我的回答就是:它并不是一个像在日语中那样简单的、一义性的问题,在科学、教育的相关领域是七色的,而民众层面的主流认识则是六色。而且,在这一点上,或许包括东欧圈在内的欧洲各国都是一样的。

不过,在法国文化中,反映民众层面认识的图画、民间故事以及民谣等中是否有不把彩虹描述为七色的情况,这个就留作今后继续考察的课题吧。

## 西欧圈外的彩虹

最后,我们简单讨论一下欧洲以外的文明圈的情况吧。前面已经说过,在日本,彩虹一直以来就被认定是七色的。(但是,这一事实最近正在迅速地发生变化,这个放到后面再谈。)

那么,日本周边的邻国是怎样的呢?以我至今抓住各种机会,从留学生、朋友等处得到的信息来判断,韩国、中国、越南、泰国、马来西亚等东亚、东南亚国家都是把彩虹看作七色的。

我不知道这个共同点是不是因为受到近代以来从西欧引进的学问的影响,但基本上可以认为这是这个地区共同的文化习惯。但是,这种习惯是起源于某一种文化,还是各自独立的,这个眼下还不好说。

此外,印度文化圈、伊斯兰文化圈又是怎样的呢?从我迄今为止收集到的零碎的信息来看,认为是七色的人很多,令人意外。但是,欧洲的学问和教育在这些地区发挥的影响,至少在知识分子阶层要比在东亚大。所以他们的本土文化是否就是这样,对此我不想轻率地加以判断。因为下面这样的情况也是存在的。

我几年前在马来西亚的吉隆坡的一家书店里买了一本马来西亚小学的英语教科书,里面是这样写的[22]:

> The children looked outside. They saw a large rainbow in the sky... Encik Hashim (their teacher) told them that there are seven colours in a rainbow. The names of the seven colours begin with the letters VIBGYOR.

彩虹的颜色像这样用 vibgyor 来教,显然是继承了英国的教学法。我查了一下该书的作者萨洛季尼·戴维(Sarojini Devi)女士的履历,果然不出所料,她在伦敦大学学过教育学,在爱丁堡大学学过应用语言学。像这样,在成长过程中使用了有外国文化背景的教科书的马来西亚人,即使你直接询问,也很难分辨他的回答究竟反映了马来西亚文化,还是受了外国文化的影响。

## 在土耳其语词典里

另外,下面的例子也值得注意。长期以来一直是伊斯兰文明中心之一的奥斯曼帝国在距今大约60年前①解体。后来成立的土耳其共和国以法国和德国为主要目标，走上了西欧化的道路。

在土耳其，有一本完全由土耳其学者团队编纂的最早的具有权威性的现代土耳其语词典 Türkçe Sözlük(1959)，其中有关彩虹的表述如下：

> **alkım**（虹）：Düşmekte olan yağmur damlacıklarında güneş ışınlarının kırılıp yansımasilye havada meydana gelen yedi renkli bir kemer biçimindeki görüntü.
> 〈太陽の光線が落下中の雨滴の中で屈折し反射することによって、空中に出現する七色の帯状をした現象。〉/由于太阳的光线在下落的雨滴中折射、反射而在空中出现的七色带状的现象。

和前面马来西亚的情况一样，无法判断这里的表述究竟反映了土耳其民族的文化传统，还是反映了词典的编纂者们所参考的西欧语言资料的观点。

## 传统文化的崩溃

到现在为止，就像我前面举的两个例子那样，一个国家的文化或是受到其文化上的宗主国的影响，或是因为留学生把在外国接受教育的结果带回去而发生了变化，这样的情况很多。

然而，现在，外来文化的影响变得更加直接而且有力。特别是像日本这样的国家，每年有数百万人到外国去，把各种异国信息原封不

---

① 译注：奥斯曼帝国是土耳其人建立的帝国，存在时间为1299年—1922年。本书初版于1990年，故为大约60年前。

动地带回国内,而且,即使是在国内待着,也可以在日常生活中通过电视和其他通信手段了解外国的事物及风俗习惯。这样一来,像本章中提出的彩虹的颜色这样的无形传统文化,就开始迅速地发生变化。

东京的一家大型民营铁路公司[23]运营的公共汽车,前些时候车身上画着六色的大彩虹在街上跑。我向公司的宣传科打听了一下,对方说目前并没有收到过任何意见或投诉。NHK的儿童节目里也出现了五色的彩虹[24]。就在10年前,邮政省发行六色彩虹纪念邮票的时候,还受到了那么强烈的反对,但这种事情现在已经不会在一般的民众中发生了。去年发行的"写信日"①纪念邮票上画着一个长着羽翼运送信件的孩子,而背景竟然是五色的彩虹。而且就像卷首插图显示的那样,红色的外侧还有紫色,这应该不是写实的图案。

如今,在日本国内,与外国企业合资的企业以及外国公司的分公司正在不断增加,很多源于外来文化的商标、图案往往在日本原封不动地使用[25]。制造拍立得相机的宝丽来公司的五色彩虹标志就是其中一例。

像这样,邮政省、NHK都"国际化"了,孩子们从小就在外国的符号、图案中成长,这样下去,或许在不久的将来,日本也会变得像欧美那样,当有人问起彩虹的颜色时,人们的反应是各式各样的。

## 注

(1)铃木孝夫「虹の色は何色か」『慶応義塾大学言語文化研究所紀要』第一〇号,1978年。
(2)参照櫻井邦朋『「考え方」の風土』(讲谈社现代新书,1979年)p.48。
(3)参照铃木孝夫『ことばと文化』p.10。
(4)铃木孝夫「意味と定義の関係について」『慶応義塾大学言語文化研究所紀要』第一八号,1986年。

---

① 译注:1979年起,当时的日本邮政省将每个月的23日定为"ふみの日/写信日",并会在7月23日发行"写信日"纪念邮票。

(5) 日译本为『記述言語学』,竹林滋、横山一郎共译,大修馆书店,1970年。

(6) 原著 p.5。

(7) 『新英和中辞典』(研究社,第5版)在 rainbow 的说明中写道:一般为七色,也有六色的。

(8) 是翻译家矶贝嘉久先生指出的问题,我没有看到过。

(9) *Idiomatic and Syntactic English Dictionary*, ed. by A. S. Hornby *et al.*, 1967.

the bow or arc, containing the seven colours of the spectrum, formed in the sky opposite the sun when rain is falling, or when the sun shines on mist or spray.

(10) P. L. Travers, *Mary Poppins Comes Back*, Harcourt, Brace and World, Inc., 1962.

(11) Thom Klika, The Rainbow Man, *Rainbows*, St. Martin's Press, 1979.

(12) Virginia Parsons, *Rainbow Rhymes*, Golden Press, 1978.

(13) Alicia Bay-Laurel & Ramon Sender, *Living on the Earth*, Harper & Row, 1973.

(14) 『小学館英和中辞典』(1980年)把 vibgyor 作为一个条目列出,恐怕是世界上第一本这样做的词典。

(15) 直到最近我才知道金子隆芳的『色彩の科学』(岩波新书,1988年)中记录了一个关于彩虹颜色的记忆法:Richard Of York Gave Battle In Vain。而且作者提到,有时不是 Richard,而是变体 Rochester。

(16) 五色彩虹的图案也常见到。

(17) Д. Н. Ушаков, Толковый Словарь Русского Языка, Москва, 1935.

(18) Ф. Ф. Павленков, Энциклопедический Словарь, С-Петербургъ, 1907.

(19) J. André, Étude sur les termes du couleur dans la langue latine(=Études et Commentaires VII), Paris, 1949, p.6.

W. Schultz, *Das Farbenempfindungssystem der Hellenen*, Leipzig, 1904. p. 114. (笔者未找到该文,引自 J·安德烈的论文。)

(20) 牛顿著、岛尾永康译『光学』(岩波书店,1983年)。牛顿著、堀伸夫、田中一郎译『光学』(槙书店,1980年)。

(21) 引自金子隆芳『色彩の科学』(岩波新书,1988年)p.11。

(22) Sarojini Devi, *New Primary Readers*, Book 5, Dewan Bahasa Dan Pustaka,1983.

(23) 東急バス。

(24) NHK 电视台的幼儿体操节目「ぷるぷるぷるん」的背景为五色彩虹(红、橙、黄、绿、蓝),每周都会出现。

(25) 大和证券送给顾客的餐巾纸上就印有版权属于美国 Kent 公司的"六色彩虹与六位人物图"。

# 第三章 日本人了解英国吗？

## 一 为什么会产生依靠文献的外国文化研究？

### 日本人的孤立感

像日本这样，周边被海洋包围，完全不与外国接壤的国家，在这个广大的世界上，是很少见的。尽管如此，直到16世纪末，由于两次元日战争，日本人活跃的海外扩张（贸易、海盗行为、出兵朝鲜等），外国人（商人、技术人员、传教士）相对自由的入境等原因，地理因素造成的日本的孤立性并没有很强烈地支配日本人的意识。

然而，17世纪以后，正当大洋航海技术取得长足进步，以西欧各国的反目和争夺殖民地等为契机，世界各民族的接触和相互交流飞速发展的时候，日本却与世界潮流逆向而行，进入了长达两个半世纪的锁国时代。外国因此在日本人的意识中迅速地消失，成了名副其实的遥远的大洋彼岸的国家（とつくに/外国）①。

在这段漫长的锁国时期形成的一种自足的意识导致了日本人的孤立感，即便是在19世纪中后期重新恢复与世界各国的交往之后，这种孤立感仍然长存不消，直至现在仍以日本特有的各种各样的文化社会现象的形式残留着。

---

① 译注："とつくに"即"外つ国"，"つ"是格助词，意思相当于"の"。

即使是在本书的主题"日本语和外国语"这个领域,这种孤立感也同样存在。它表现在对日语抱有根深蒂固的自卑感,严重缺乏直接通过人与人的接触学习外语的姿态和经验等问题上。

## 文献万能主义

日本人为什么自明治时代之后开始觉得日语是不完善的劣等语言而陷入苦恼呢?为什么会抱着一种毫无根据的、错误的信念,认为日语是世界上最难的语言呢?关于这些,我已经在好几本书里详细地谈论过[1],并且我要在本书的第四、第五章以汉字的问题为中心去考察"诅咒日语的日本人"的实际情况,所以在这里我就暂不作讨论。

另一个问题是我们难以摆脱的一个传统,即学习外语主要是在书本里学,研究外语主要是依靠文献去研究。即使是在国际化时代已经到来,走出国门也已经日常化的今天,在日本以大学为中心的教育机构里仍然残留着这种难以动摇的传统。

前面第一、第二章里讨论的问题,也有一部分与这种文献万能主义的外语教育和研究带来的弊端和局限性有关。

在很长的时间里,由于地理上的孤立性,同时因为总是远离世界文明的中心,再加上锁国导致的与外国、外国人在物理和心理两方面的隔绝,日本发展出了一种极为特殊的摄取外来文化的形态,那就是基本只通过传入国内的书籍和物品(汉籍、西洋书籍和舶来品)去学习和吸收外国的先进学问和技术。

在近现代学校教育普及之前,在外国一般是通过人的移动、人与人之间的直接接触来学习外语的。因此,即使是现在,在日本以外的国家还是有很多人可以很流利地讲外语,却完全不会读外语书。在会讲外语的人里面,只有极少数的人能读懂外语书,书籍因为价格非常高昂而只在狭窄的范围内普及,这种情况在欧美持续了很长时间。

日本的情况与之相反,从奈良、平安时代开始,能够读懂外国的书却不会讲外语,反而是一种很普遍的状况,而且到现在这种状况也没有太大变化。人们接触外语的方式,在日本和在外国是完全相反的[2]。

正因为如此,通过读外语书我们能懂得什么?只依靠文献我们能理解哪些外国文化,又会忽略哪些?对这些问题重新进行认真的思考,尤其对于日本人来说是很有意义的。

## 二 国际交流的第一步是什么?

### 国际化的时代

现在的日本作为一个国家来说是世界上最富裕的,据说今年(1989年)因各种目的从日本跑到海外去的人终于超过了一千万。日本的工厂、商店开到了世界上的每一个角落,可以从外国进口各种各样的东西,访问日本的外国游客的数量已经接近一年三百万。不仅如此,在大城市里跟日本人一起工作的外国人也不少见。现在正是一个国际化的时代。

像这样,民众层面与外国人的直接接触增多,当务之急就是要有共同使用的语言,以使相互之间顺利沟通。这有两个办法,一个是提高普通日本人的外语运用能力,另一个就是尽可能向更多的外国人推广日语。

这种以国际交流为目的的语言学习,最重要的目标应该就是人与人之间的相互理解吧,即在了解外国人的同时让外国人懂得自己。如果我们不通过语言学习不断努力去了解对方是一个拥有何种文化的人,就会因为无知和误解引起无谓的摩擦,形成情感上的对立,从而导致交流不能顺利进行。

## 招待伊斯兰教徒的时候

比如说一个学过阿拉伯语或波斯语的人，要招待一个信奉伊斯兰教的人吃饭，那他至少要知道菜肴里无论如何都不能有猪肉，酒类也是不拿出来更安全。如果不知道这些常识那是很糟糕的。

而且，即使客人回去的时候，对主人的招待没说什么感谢的话，主人也不应感到奇怪。因为他们的习惯是主人才应该对客人的到访表示感谢。

另外，当你去对方家做客的时候，即使你为他家里的摆设或日常用具的美丽和精致所打动，也绝对不能表示赞赏。因为这很容易被理解为"请把这个给我吧"。如果不了解这些事情，还偏偏会说一点阿拉伯语或波斯语，反而会起到负面作用。

## 英语教育的目标

接下来我们讨论一个对于大多数读者来说都更现实的话题，那就是我们日本人对英国人的文化，也就是风俗、习惯、思考方式等究竟理解了多少，这也是本章的主题。

前面也讲到过，自明治时代到现在的一百多年里，日本的学校都在教授英语。其目的有很多，但直至今日主要目的还是为了了解使用英语的人们的文化。

让所有人都拥有在实际交流中熟练使用英语的能力，仅靠有限的学校教学时间是做不到的，但是至少有必要通过英语来了解生活在对于日本来说最重要的国家（过去是英国，现在是美国）中的人们到底是怎样的一些人。人们会这么想也是理所当然的。

如果是这样的话，那么，关于我们几十年来学习的对象——英国人具有怎样的思维方式、风俗习惯，日本社会应该已经积累了相当多的知识。然而，在我看来，事实似乎并不是这样的。从我自己极为有限的知识和经验出发来展示这件事的一隅,这就是本章的主旨。

## 三　英国人绝对不吃的东西

### 马肉

从最日常的事情说起吧。我们邀请英国人来家里享用美味佳肴的时候,绝对不可以拿出来的食物是什么呢?如果你想到的是金枪鱼的生鱼片或者纳豆之类的,那你就不及格。答案是马肉。

让英国人吃马肉,那就和给伊斯兰教徒奉上猪肉差不多,你可要当心引起对方感情上的排斥,甚至暴怒,因为英国人的文化认为马肉不是给人吃的食物。拥有这种文化的人即使在欧洲也属于少数派[3]。

与此相对,法国直到现在全国也有三千家[4]专门经营马肉的肉店(boucherie chevaline)。法国人特别喜欢吃"タルタルステーキ/鞑靼牛排"①等生马肉。在日本,一般的超市也销售马肉,甚至还有不少人说上等的"馬刺/生马肉片"比一些品质马马虎虎的牛肉要好吃。所以,很难说不会有人给上门做客的英国人上马肉。

### 狗肉

还有一道不能给英国人上的菜,那就是狗肉。让英国人吃这个,那结果无疑是绝交。可能各位读者中有人会很生气地说:"有谁会让客人吃狗肉啊?我们日本人自己都不吃!"然而事情没那么简单。

在现在这个热衷美食、追求吃稀罕物的时代,据说在东京也有可以吃到狗肉的地方。再说,直到最近,日本都还属于吃狗肉的文

---

① 译注:此处指生马排。

化圈[5]。

而且,如果你去邻近的韩国旅行,就会发现一种用狗肉做的汤(补身汤)现在还是男人们喜欢的菜肴。还有中国的南部也吃狗肉,比如香港,尽管以前受到英国人的禁止,但狗肉仍然是很普遍的佳肴。在这一点上,菲律宾也是完全一样的。

所以,在这样一些地方,日本商社的职员在招待英国客人的时候想着上一道别样风味的菜,稀里糊涂地请人家吃狗肉,也不是没有可能。

我想说的是:英国人拥有绝对不吃马肉和狗肉的饮食文化,在如今的国际化时代,这是我们日本人必须知道的重要知识,可是在学习英语多年的日本人之中,有多少人知道这件事呢?[6]

## 四 运动会的奖品是现金

**虽然与日本很相似**

英国的小学里也有运动会。我之所以这样说,是因为世界上有不少国家是没有小学运动会的。英国人把运动会称为 Sports Day。虽然不像日本小学里的运动会那样如庆祝节日一般热闹,但也有各种比赛,还有家长一起参加的项目,跟日本的情况很相似。

但是,两者并不是完全一样。有一件事情,一般的日本人,特别是教育工作者听到会惊呆。那就是:孩子们在赛跑、投篮等项目中如果得了第一名、第二名等名次的话,有的学校会给孩子们发现金,第一名多少,第二、第三名多少,按照名次发钱。关于这件事情,社会学家加藤秀俊先生[7]及其他人在著作中谈到过,我也从朋友处听到过。

在"二战"后的和平、平等思想普及的日本,人们有一种不可思议的想法:只有优胜者才能得到奖品,而落败者什么也得不到,这对弱者来说是残酷的、不公平的。因此,很多地方都废除了战前给优胜者发奖品的做法。有的地方给所有人发参与奖,大家都平等地拿到铅笔等奖品。至于向得奖的孩子发放不同金额的现金这样的事,我估计现在很多日本人会认为太荒唐了,不利于孩子的教育。

**异文化的认识**

我在这里无暇评论哪种想法更好。不过,在英国这个开创民主主义的国家,强者、努力的人会得到相应的回报这条掌控现实社会的竞争原则,在孩子们还小的时候就已经在学校里被灌输给他们,而且是通过现金这种人人都能清楚地看到差异的手段。如果很多日本人都不知道这一情况,那是很糟糕的。

如果以为世界上的发达国家都像日本一样抱着美好的理念去教育孩子,那么我们要想理解其他民族,认识其他文化,是完全不可能的。

而且,像这类事实,无论你读多少深奥的英语社会学文献或者高尚的英语文学作品,都很难接触到。

## 五　脚是阴部的一部分

**鞋店里没有鞋拔子!**

那是10年前我在剑桥时的事情。有一天,我从日本穿去的一双鞋坏了。我走进大学附近的一家鞋店,经过仔细的物色之后,终于找到了一双看上去合脚的鞋子。我在椅子上坐下来,把鞋子放在面前的鞋墩子上,催促身边的店员:"拿个鞋拔子来。"

可是让我吃惊的是,店员竟然说他们店里没有这种东西。他这么一说，我才发现在日本的鞋店里到处都会挂着的长长的鞋拔子，在这里却哪儿也看不到。我问那个店员："一个也没有吗？"他说："完全没有。"鞋店里是没有鞋拔子的。

这么一来，我的兴趣从买鞋子转移到了为什么鞋店里没有鞋拔子的问题上。于是我问店员："那么什么地方有呢？在哪里能买到呢？"那个店员走到另一个店员的身边，两人交谈了一阵。过了一会儿，那个店员回来告诉我："在超市里或许能买到。"

我走出这家鞋店，立马又转了两三家鞋店。当然我的目的是想看看店里有没有鞋拔子，卖不卖鞋拔子。结果任何一家鞋店里都没有鞋拔子。后来我发现，不仅鞋店里没有鞋拔子，英国宾馆的客房里也没有。日本的话是一定会有的。后来我还知道了，这个习惯在曾为英国领地的澳大利亚、新西兰的宾馆里也传承了下来，我再次对传统的力量的强大感到惊讶[8]。（最近由于日本游客激增，也出现了一些放鞋拔子的宾馆。）

## 总爱脱鞋子的日本人

那么，这件事情与了解英国人有什么关系呢？这件事从根本上来说与英国人拥有的一个很奇妙的想法有关系，他们认为脚——这个人人都有的身体部位其实是阴部的一种。

现在，日本人也穿鞋。看上去，出门穿鞋这个习惯在日英两国并没有很明显的差异。但是，从一整天、一辈子这样的长时段来看，那就有很大的差别。

简单地说，一个普通的日本人，只要有机会就想脱鞋子。很多人进了事务所、研究室这类工作场所，就会把上班路上穿的鞋子脱掉，换上拖鞋或草鞋。坐火车的时间稍长一点，也会把鞋子脱下来。为此，新干线的车厢等处的搁脚板分为正反两面，即穿鞋使用的一面和穿袜子使用的一面。

坐飞机去海外的时候,几乎所有的日本人都会脱下鞋子。全世界的航空公司中,最早给乘客提供简易拖鞋的好像就是日本航空,现在很多的外国航空公司也学习了这一做法。

对于日本人来说,鞋子不过是穿着走路的东西,是保护脚不碰到泥土、石头、脏物的工具,所以在不需要保护脚的地方,也就是在家里或者在有地毯的飞机及其他交通工具里,脱下鞋子是理所当然的。

而且,日本人长期以来穿的木屐、草鞋之类,不覆盖整个足部因而不勒脚、很舒适。明治时代以后,日本人为了适应勒脚的外国鞋类,吃了很多苦头。再加上日本气候潮湿,脚容易闷热、得脚气。所以日本人的文化传统就是:尽量穿那种不压迫脚的、宽松的鞋。

## 鞋拔子的使用

由于这两个原因,日本人在可以脱鞋子的地方就马上脱鞋子。即使是现在,在一些小地方的小饭馆或荞麦面店里,即使有桌子空着,很多人还是愿意脱下鞋子去坐榻榻米。而且要求外来人员脱下鞋子换上拖鞋的医院、学校、市民文化馆等场所并不在少数。

就像这样,日本人一天之中穿鞋脱鞋的次数很多,而且穿的本来就是比较宽松的鞋子,因此就需要有个鞋拔子,往鞋里一插鞋就穿好了。

仔细观察的话,发现有些人连鞋拔子也不用,把脚伸到鞋子里吧嗒吧嗒地在地上蹬两三下就把鞋穿上了。我们经常看到有日本人穿着脚后跟处塌下去的鞋子,就是因为他们穿宽松的鞋子时懒得用鞋拔子,是硬穿进去的。另外,日本成年人,除了登山鞋、滑雪靴之外,一般不喜欢穿系鞋带的高帮鞋,就是因为不方便脱下来。

## 一整天不脱鞋的英国人

英国人的穿鞋方式就完全不同。他们穿紧绷在脚上的鞋子,而且一整天在任何地方都不脱下来。穿的时候松开鞋带掰开鞋口把脚伸进去,再把鞋带紧紧地系住。买鞋子的时候也是如此。所以,鞋拔子几乎派不上用场。在办公室、商店等地方,绝对看不到趿着凉鞋的人。

即使回到家里,英国人也仍然穿着鞋子。有些人就算脱下外出穿的鞋子,换上室内的鞋子,穿的也仍然是有鞋帮的,不会穿日本的那种只覆盖脚前部的拖鞋。而且,他们只在卧室里脱鞋子[9]。

因为长年累月地整天穿着这种紧绷绷的鞋子,很多英国人上了年纪后会患上由足部骨头变形引起的各种疾病,结果足病医(podiatrist)这种日本人从来没听过的专业医生生意兴隆。在剑桥这个小镇里也有好几家足病医院。

最近,在日本从事时装模特工作的年轻女性中也出现了一种叫作跖外翻的骨头变形的足部疾病,它会引发剧烈疼痛。这是因为经常勉强穿着细窄鞋子而产生的职业病。在英国,普通人也得这种病。

看上去日本人和英国人都穿着同样的鞋子,可是在鞋子的文化中却隐藏着这样的差异。日本人在外国买鞋子的时候,因为脚太宽,一般的鞋子都不合脚,就是因为日本人的脚没有变形的缘故[10]。

## 赤脚是阴部

我从鞋拔子谈到鞋子的穿法,再谈到其是否会导致足部变形等,其实并不是要就鞋子本身来做一番比较文化论的阐述。鞋子里的脚才是问题的焦点。而我想要指出的是:在把脚看作怎样的一个身体部位这一点上,日英两个民族之间有惊人的差异。前面讲的这些有关鞋子的文化的种种差异,不过是一种结果而已,其原因在于脚本身。

我认为,对于日本人来说,脚并不是一个有特殊含义的身体部位。当然,与脸和手相比,脚确实是要低档一些,但是在公众面前露出脚,或在别人面前打赤脚,除了在一些特殊的时间和场合,这些事本身并不是什么坏事情,也不是什么羞耻的事情。夏日傍晚,穿浴衣赤脚在外面走,这是日本美好的传统风俗之一。

然而,对于英国人来说,脚是不管发生什么事情都不能给人看的身体部位。从这个意义上来说,说脚是阴部的一种也不过分。只有在卧室里才可以光脚。因此,在别人面前脱鞋子,会给人一种强烈的印象[11],使人联想到卧室里的行为。正因为如此,来到日本的英国人进入日本人家里的时候,才会对不得不脱鞋子的规矩表现出强烈的犹豫和抵触。

从前,在英国殖民地里,在如果不脱鞋进去会引起很大民愤的场所,比如伊斯兰教的寺庙,英国人常常引发一些问题。我认为,他们并不是有意侮辱基督教以外的宗教,最大的原因是他们的文化让他们难以忍受在别人面前脱鞋。

## 中国人和脚

有趣的是,日本的邻国中国对脚的看法与英国人相似。儒教本来就是一种厌恶公然裸露肉体的文化,而脚尤其不可以裸露。"二战"前,在中国的日本大使馆、领事馆等处工作的日本人,特别是女性,都被告知:即使在自己家里,凡是有中国用人在的地方都不要打赤脚。因为女人对男人露出赤脚,会招来意想不到的误解,被视为一种性挑逗。我觉得,古代中国发展出缠足的风俗(用布紧紧地裹住小女孩的脚,使骨头变形、停止生长,从而使脚变小的风俗),其原因之一就是在中国人的文化里,脚被看作具有性含义的身体部位[12]。

## 文化的烙印

话题有点偏离英国文化了。大家抱着理解英国人的目的,学习英语,读了许多英语书,可是英国人对脚的这种特别的情结,有多少日本人发觉了呢？

当然,可能有很多日本人知道英国人是不喜欢脱鞋子的[13]。但是,仅仅将这看作习惯上的差异,并且认为来到日本就应该入乡随俗,指望他们能够脱下鞋来,这说明很少有日本人能理解不脱鞋子是他们极其根深蒂固的、最基本的文化烙印。

人们的文化中,有根基浅薄可以简单地改变的部分,也有永远存在、可谓第二本能的部分。英国人对于赤脚的情结即属于后者。对他们来说,鞋子的重要作用之一,就是把脚这个羞于示人的身体部位掩盖起来,不让人看见[14]。

## 要有问题意识

外国的文化,尤其是外国人的思维方式以及风俗习惯中肉眼看不到的部分,正如前面所述,对于局外人来说,即使访问了那个国家,甚至住在那个国家多年,如果没有某种偶然的好运的话,也很难找到理解的入口。

而且,如果我们不保持警觉和问题意识,时常想着某些地方肯定有差异,有些东西肯定隐于其后的话,那么好不容易出现的线索也会被忽略掉。以文献的形式整理出来的资料中看不到的那些基础部分,如果我们不能够把握住,就难免会把一切归结于程度的差异或个人的差异。最终得到的就是刻板的、统计性的认识："总之,日本和外国都有各种各样的人,有各种各样的地方差异,不可一概而论哦。"

而且,这种文化方面的东西往往连最关键的本国人都没有意识到,正因为如此,理解不同文化真是说起来容易做起来难。说到这里,我想大家多少能够理解，我为什么一直在说，如果不扎扎实实地认真进行研究，就算读了一点英语书，也是不会了解英国人的。

此外还有几个有趣的话题，因为超过了这本小册子所能涵盖的范围，有兴趣的读者可以参考我以前发表的一些文章[15]。这些文章讨论了英国人对隐私的看法与日本人有怎样的差异，以及英国人是如何以与我们日本人完全不同的方式来思考人格的。

**注**

(1) 铃木孝夫『閉された言語・日本語の世界』新潮选书，1975年。

  铃木孝夫『武器としてのことば』新潮选书，1985年。

  铃木孝夫『ことばの社会学』新潮社，1987年。

(2) 铃木孝夫「人は外国語とどのようにかかわるか」『慶応義塾大学言語文化研究所紀要』第一三号，1981年。

  铃木孝夫「外国語研究の新しい分類基準について」『慶応義塾大学言語文化研究所紀要』第一六号，1984年。

(3) 阿加莎·克里斯蒂的 *A Murder is Announced*（《谋杀启事》）中说，有一个名叫布莱克洛克的女人，每次去镇上总要为她的朋友斯韦特纳姆买一块马肉，放在厨房的案板上。这本小说出版于1950年，是"二战"后粮食不足的时期，这一点在书中多处提到。那块马肉的用途书中没有说明，可能是喂给狗吃的，但也不能否认可能是给人吃的。

(4) 依据 Marvin Harris, *Good to Eat*，1985年。这一作品的日语译本有板桥作美翻译的『食と文化の謎』（岩波书店，1988年）。

(5) 至今仍有「赤犬はうまい」（红狗好吃）的说法。

(6) 关于狗肉以及对待狗的方式，可参照前面提到过的『ことばと文化』『閉された言語・日本語の世界』『武器としてのことば』。另外，大石俊一的『犬とイギリス人』（开文社出版，1987年）也是极为难得的有益的书。

(7) 加藤秀俊『イギリスの小さな町から』朝日新闻社，1969年。

(8) 美国的宾馆有很多是放鞋拔子的。另外，日本人经常去的新加坡、马尼拉的宾馆里也有。中国台湾的宾馆里必定有。

(9) 虎岩正纯的『イギリスの中から——異文化としての英国発見』（研究社出

版,1983年)里,有一章叫作《关于鞋子》。里面说,有只穿着袜子在家里走来走去的家庭主妇,还有赤脚在伦敦的街道上走路的人等。但是在我看来,这样的人大多是跟自然主义运动有点关系,或者是具有反主流文化精神的人。在美国,嬉皮士文化盛行的时候,也有很多人打赤脚。顺便说一下,虎岩先生的书对于了解英国来说是一本独具特色的书。

(10) 多田道太郎在「日本語の人間学」中从比较文化的角度讨论了东西方的脚。这篇文章收录于『日本語と日本人』(讲谈社研讨会选书,1982年)。

(11) 英国妇女来到日本,每当被要求脱鞋子,就会感到很不愉快,有种半裸的感觉。关于这个事情,我最早在「言語と文化」(『講座・比較文化』第八卷「比較文化への展望」研究社,1977年)中介绍过。

(12) 关于文化的不同导致的性感带以及羞耻心的启动机制的不同,可参照铃木孝夫『私の言語学』(大修馆书店,1987年)。

(13) 1989年8月13日《信浓每日新闻》上有一篇题为《国际记者之眼》的文章,在小标题为《顽固,不脱鞋子的欧美人》的段落里,江口浩记者发表了诸多关于脱不脱鞋子的见解。在此,他把这个问题单纯地归结为习惯的差异。

(14) 泉邦寿的『フランス語、意味の散策』(大修馆书店,1989年)的第8页,谈到法国作家维尔德拉克(Vildrac)第一次来日本的时候,与夫人一起进榻榻米客厅,被要求脱鞋子时的困窘的样子。维尔德拉克说:"于是我们用一只胳膊撑着,侧身坐在那里,脱掉了鞋子的脚不知道该怎么藏起来,感到很害羞。"

(15) ①「事故報道とプライバシー」(《事故报道与隐私》),②「坊主憎けりゃ」(《如果厌恶和尚》)。这两篇议论英国人的文章收录于前面提到过的『ことばの社会学』。

# 第四章　汉字不为人知的功能（1）
## ——音读和训读的关系

## 一　语义学上的透明性和不透明性

### 难懂的单词

稍微多学了一点英语的人都会遇到这样一种情况：不管记住了多少单词，总会没完没了地遇到许许多多难懂的单词。

比如，你在读书的时候遇到 osmotic pressure 这么一个词，查词典，上面写着它的意思是"浸（渗）透压/渗透压"。接下来又遇到"exudation"，再查词典，上面将其译为"浸（渗）出（液）/渗出（液）"。这种难懂的单词，如果是物理化学或医学专业的人，作为专业用语频繁使用，或许不知不觉就记住了，可是普通人是很难记住的。

其原因就是：通常这种英语单词，即使你查词典知道了它的意思，再去看它的字面，也找不到任何让人恍然大悟的线索。因为这些词无法跟你以前知道的一些普通的单词，比如 ooze（渗出）、soak（浸透）、pierce（刺穿）等中的任何一个在语言上相关联，所以除了把整个单词囫囵吞枣地硬背下来，别无他法。因此你很快就会忘记它的意思，等到这个词再次出现的时候，你还得去查词典。糟糕的是，英语里这种"难懂"的单词有成百上千个。

但是我想，如果是日语的话，即使第一次看到"浸透压""浸出液"这种不常使用的词语，我们通常也还是可以根据上下文知道大致的意思。即使是需要查词典才能理解的人,等他读过说明之后,往往也会恍然大悟,发现意义与字面是相对应的。

为什么日语和英语之间会有这样的差异呢?那是因为,至少到现在为止,日语里大多数日常不用的难懂的词语或专业用语,是通过组合我们日常使用的基本汉字造出来的,而英语里的那些高级词汇,几乎全都是由源于拉丁语、希腊语等古典语的词素合成的[1]。

## 日英两国的高级词汇

要想很好地理解这个差异,就有必要从根本上思考语言中同一概念的双重语音化和书写的两面性的问题。但在此之前,我们先来对照看看下面列出的日英两种语言的高级词汇表[2]。

对表3里的所有英语单词,能够一听就懂,或者一看马上就大致明白意思的人,即使是在对自己的英语水平很有自信的人中,我估计也是很少的。表4中把与这些英语高级单词的意义相对应的日语词用罗马字写了出来。

**表3　英语的高级词汇**

| | | |
|---|---|---|
| 1. claustrophobia | 12. acrophobia | 23. hydrophobia |
| 2. podiatrist | 13. pediatrics | 24. orthopedics |
| 3. otorhinology | 14. hydrocephalus | 25. brachycephaly |
| 4. cephalothorax | 15. pithecanthrope | 26. gymnosperm |
| 5. graminivorous | 16. piscivorous | 27. apivorous |
| 6. heliotropism | 17. selenotropism | 28. chlorophyll |
| 7. seismograph | 18. gingival | 29. pachyderm |
| 8. centrifugal | 19. palingenesis | 30. palindrome |
| 9. concatenation | 20. decapod | 31. ornithology |
| 10. kleptomania | 21. leukemia | 32. ophthalmology |
| 11. anthropophagy | 22. prognostication | 33. limnology |

| | | |
|---|---|---|
| 34. photophobia | 38. catalyst | 42. ichthyology |
| 35. obstetrics | 39. labiodental | 43. dolichocephaly |
| 36. cephalopod | 40. centripetal | 44. hygrometer |
| 37. oesophagus | 41. procrastination | 45. lactobacillus |

表4　日语的高级词汇（罗马字书写）

| | | |
|---|---|---|
| 1. heishokyōfushō | 16. gyoshokusei | 31. chōruigaku |
| 2. sokubyōi | 17. kōgetsusei | 32. ganka |
| 3. jibika | 18. shikeion | 33. koshōgaku |
| 4. tōkyōbu | 19. saisei | 34. shūmei |
| 5. sōshokusei | 20. jussokurui | 35. sanka |
| 6. kōjitsusei | 21. hakketsubyō | 36. tōsokurui |
| 7. jishinkei | 22. yochi | 37. shokudō |
| 8. enshinsei | 23. kyōsuibyō | 38. shokubai |
| 9. rensa | 24. seikeijutsu | 39. shinshion |
| 10. tōheki | 25. tantō | 40. kyūshinsei |
| 11. shokujin | 26. rashi-shokubutsu | 41. chien |
| 12. kōshokyōfushō | 27. hōshokusei | 42. gyoruigaku |
| 13. shōnika | 28. yōryokuso | 43. chōtō |
| 14. suitōshō | 29. kōhijū | 44. shitsudokei |
| 15. enjin | 30. kaibun | 45. nyūsankin |

　　为什么要用罗马字书写呢？因为在这里我要讨论的问题是语言本来的语音形态与它的文字书写方式，特别是与汉字的复杂关系，所以不能从一开始就用汉字来书写。

　　此外，我也知道，要表示语音语言的准确形态，理应使用学术性的语音符号。但是，本书是面向普通读者的，而且语音本身的一些细微之处与我们现在要讨论的中心内容没有太大的关系，所以我暂且先用罗马字来表示这些日语的高级词汇。

## 即使听不懂

那么,看到这张用罗马字书写的日语词汇表,每个词表示的是什么意思,指的是什么事情,一看马上就能明白的日本人,恐怕几乎是没有的。当然,如果是12. kōshokyōfushō 这样的词,平时听得比较多,或许有很多人一看就懂。

但是,27. hōshokusei 指的是什么,即使是很有水准的学者恐怕也很难想到吧。还有25. tantō、31. chōruigaku 等,因为没有上下文,读者的脑海里可能会出现两个甚至更多词,而无法确定哪个是正确答案。

实际上,在语音层面上,也就是用耳朵听某个词的时候,日语的高级词汇也绝不好懂,其难度与英语不相上下,让人难以理解是什么意思,或者很难得出唯一的答案。

但是,两者之间有一个重要的差异。英语里用耳朵听听不懂的高级单词,即使写在纸上看——也就是提供文字——本来听不懂的词,再怎么看也还是不懂。因为不懂的原因是这些词是由不熟悉的古典语词素构成的。

可是,日语的情况完全不同。那些仅仅靠听,或者仅仅通过罗马字提供语音形态时意义不明(不定)的高级词汇,只要用汉字这种特殊的文字书写,大部分立刻就变得能够理解了,或者不如说立刻就变成简单易懂的词汇了。为了让大家感受这种可谓戏剧性的变化,我把前面那些日语词汇原原本本地搬过来,编成用汉字书写的表5。

**表5 日语的高级词汇(汉字书写)**

1. 閉所恐怖症/幽闭恐惧症
2. 足病医/足病医
3. 耳鼻科/耳鼻科
4. 頭胸部/头胸部
5. 草食性/食草性
6. 向日性/向日性
7. 地震計/地震仪
8. 遠心性/离心性
9. 連鎖/连锁
10. 盗癖/偷窃癖
11. 食人/食人

| | | |
|---|---|---|
| 12. 高所恐怖症/恐高症 | （狂犬病） | 34. 羞明/羞明（畏光） |
| 13. 小児科/小儿科 | 24. 整形術/整形术 | 35. 産科/产科 |
| 14. 水頭症/脑积水 | 25. 短頭/短头 | 36. 頭足類/头足类 |
| 15. 猿人/猿人 | 26. 裸子（植物）/裸子（植物） | 37. 食道/食道 |
| 16. 魚食性/食鱼性 | | 38. 触媒/催化剂 |
| 17. 向月性/向月性 | 27. 蜂食性/食蜂性 | 39. 唇歯音/唇齿音 |
| 18. 歯茎音/齿龈音 | 28. 葉緑素/叶绿素 | 40. 求心性/向心性 |
| 19. 再生/再生 | 29. 厚皮獣/厚皮动物 | 41. 遅延/延迟 |
| 20. 十足類/十足类 | 30. 回文/回文① | 42. 魚類学/鱼类学 |
| 21. 白血病/白血病 | 31. 鳥類学/鸟类学 | 43. 長頭/长头 |
| 22. 予知/预知 | 32. 眼科/眼科 | 44. 湿度計/湿度计 |
| 23. 恐水病/恐水症 | 33. 湖沼学/湖沼学 | 45. 乳酸（菌）/乳酸（菌） |

## 透明性和不透明性

看不懂英语词汇表里的 acrophobia 的日本人，换成"高所恐怖症"，应该马上就能知道大致指的是什么吧。hōshokusei 究竟是什么，想了半天也想不出的人，如果知道这是"蜂食性"，就能想到这可能是"吃蜜蜂的性质"的意思吧。

与这个日语词相对应的英语词 apivorous，是拉丁语的 apis（蜂）与表示"吃的性质"的-vorus 组合而来的，其意思正是"蜂食性"。可是这个词，在英国是只有生物学家才懂的专业用语。

也就是说，英语的高级词汇里的词素基本上都来源于希腊语或拉丁语，所以对于没有古典语知识的普通人来说，想仅靠看或听就理解未知的单词的大致意思，是非常困难的。

但是，日语里的这些词，其词素几乎都是常见的汉字，所以即使是第一次看到的词，也大致能够理解。

---

① 译注：顺读和倒读均相同的词句。

日语与英语的高级词汇的这种构造上的差异，我将其称为语义学上的透明性（semantic transparency）和不透明性（semantic opacity）的差异[3]。英语中难懂的专业用语，可以说其外侧被古典语这层坚硬的铠甲紧紧地包裹着，所以无法窥见其内部，而日语的这些词却只穿着汉字这么一层薄纱，所以就能够透过汉字见其内部。

## 音读和训读

那么，为什么把汉字比作薄纱而不是厚厚的铠甲呢？那正是因为日语里使用的许多汉字有音读和训读两种读法，而不是因为人们常说的汉字是表意文字，一看就能懂。证据就是：包含现在已经没有训读习惯的汉字的很多专业用语，外行人不要说看一次，就是仔细看多少次，也无法很自然地找到理解意义的线索。比如听到"齒齦炎/牙龈炎"这个病名，即使再看文字，一般人也还是不懂吧。这个与英语的gingivitis 有得一比。

还有，现在在初中或高中的生物课上第一次出现"齧齒類/啮齿类"这个词的时候，在学习相关内容之前，恐怕很少有人想得到它是指什么吧。因为"二战"后限制汉字的使用，人们在说"何か物を「かじる」/咬某样东西"的时候，不再使用"齧"这个汉字，它就成了一个不查字典便不知道其意思的字。

同样的情况在"蛋白質/蛋白质"这个词上也可以看到。"蛋"这个字不仅没有训读，而且在现代日语中也没有其他包含这个字的单词，所以第一次看到的时候就难以理解。而且即使把这个词写成"たん白質"，也还是一样，第一次看到（或听到）是不会懂的。

不过，假设将"蛋白質"和"たん白質"两个写法都废除，写成"卵白質"的话，会怎样呢？这样的话，即使是第一次听到的时候有过一瞬间犹豫的人，当看到文字时，也肯定会明白："ああ「たまご」の「しろ（み）」の成分か/啊，原来是蛋白的成分啊"。事实上就是这么回事，并且现代汉语里的"蛋"就是"卵"。

既然使用了汉字,就应该尽量减少不容易看懂的字或词。这是我持有的汉字功能论的立场。

## 二 高级词汇和基本词汇的关系

### "水頭症""無影灯"

任何一种文明语言中,都会有基本词汇和高级词汇的区别。日常生活中人人都使用的好懂的词语,就是基本词汇;主要为学者或专家所使用的难懂的词语,即高级词汇。

在实际使用中,这两种词汇未必有明确的分界线,但大致还是可以分类的。从这个观点来观察各种语言,我们会发现两种不同类型的语言。一种是高级词汇也是由日常用语组成的语言,我们可以举出德语的例子。与此相对,另一种是高级词汇与日常用语有明确区别的语言,高级词汇大量地使用外来的古典语词素,英语和日语基本上都可以看成是这类语言[4]。

这种情况用图简单表示的话,即图1。当然,这样的分类只表示大略的倾向,事实上现在德语里也有相当一部分专业用语使用了我所说的外来的古典语词素。但是,比如说我们来比较一下头部积了水这样一种病的病名,德语是 Wasserkopf,英语是 hydrocephalus,日语是 suitōshō。可以看出,德语里是直接把表示水的日常用语 Wasser 和同样为日常用语的表示头的 Kopf 组合在一起。然而英语里并不是"*waterhead",而是用希腊语中表示头的 $\kappa\epsilon\varphi\alpha\lambda\acute{\eta}$ 和表示水的 $\H{\upsilon}\delta\omega\rho$ 造出 hydrocephalus 这个词。日语里也不是基本词语的组合"*みずあたま",而使用了外来语词素 suitō(shō)。(本书中标*记号的词是现实中不存在的词语。)

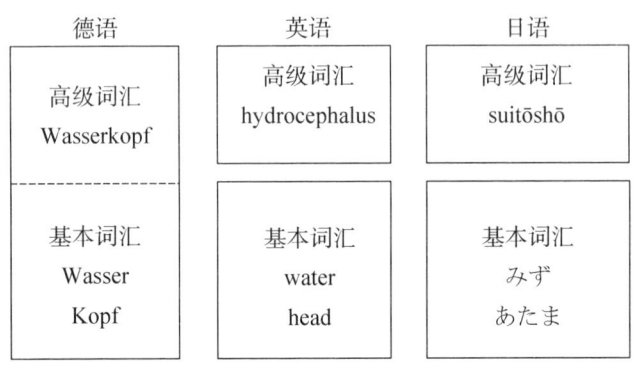

**图1　高级词汇和基本词汇的关系（A）**

再举一个例子。外科医生给病人做手术的时候，为了不让医生的手以及手术刀、手术钳等工具的影子遮住手术部位，使用一种挂在手术室天花板上的有多道光源的特殊照明装置。这种特殊的灯日语里叫作 mueitō[5]。它在德语里叫作 Schattenfreie Lampe，组成这个词的要素全都是日常用语：Schatten（影子）、frei（无……的、不受……束缚的）、Lampe（灯）。而英语里是 scialytic（lamp），这是希腊语的 σκιά（影子）加上 λύω（溶解），即"化解影子（的灯）"的意思。因此，非专业人士几乎没有人能看懂这个专业用语的字面意思，使用的时候只能死记硬背。

在这个例子中，也是德语词人人都能懂，而英语词却很难懂，第一次听到新词的人不知道它说的是什么。第一次听到日语的 mueitō 时，大多数人应该都不知道是什么吧。从这个意义上来说，德语类的语言里高级词汇和日常词汇之间连续性很强，而在英语和日语里这两者之间有一种割裂感。图1即表现了这两类语言的差异。

## 英语的高级词汇的难度

如果说某种语言像德语这样，几乎所有高级词汇都由固有的语言要素组成的话,那么该语言中应该就不会出现令人完全摸不着头脑的难懂的词汇。当然,我们前面所说的对词汇的表面的理解,并不是总能立刻指向对专业词汇内容的严密理解,这是不言而喻的。但是比起让人全无头绪的词,这样的词肯定更容易理解和记忆。

英语这种语言之所以难懂,原因之一就是有很多仅靠日常的基本词汇知识无法理解的高级用语,像前面所说的 osmotic 以及这里的 hydrocephalus、scialytic 等。

其实,英语的这一难点,不仅对身为外国人的日本人来说,就是对于以英语为母语的人来说,也同样很麻烦[6]。有一次我在美国的某所著名大学做演讲,谈汉字的构造,我在黑板上大大地写上 pithecanthrope,问听众们这是什么意思,没有一个人能回答得上来。这个词即日语的"猿人",pithec- 的部分来源于希腊语中表示"猿"的 $\pi l\theta\eta\kappa o\varsigma$,-anthrope 来源于表示"人"的 $\check{\alpha}\nu\theta\rho\omega\pi o\varsigma$[7]。

那天在场的主要是文化社会方向的研究生和教授。如果是在日本,黑板上写着"猿人",几十个普通知识分子中竟然没有一个人知道是什么意思,那种情形你能想象得出来吗?这类实验我在加拿大、英国也做过几次,结果总是相同的。

前面列举的那些高级词汇中的大多数,对于有相当知识水平的英美人来说也很难。

## 汉字的音和训

如上所述,英语里来源于希腊语、拉丁语的高级词汇与上一节里列出的只考虑语音形态的日语高级词汇,都是由外来的、异质的要素构成的,所以对于普通人来说很难懂。在这一点上两种语言是相同的[8]。

然而,英语即使全部用文字写出来也仍然难以理解,而日语却能够立即变得一目了然,这种差异是怎么产生的呢?

答案我们在上一节里已经谈过：书写日语的高级词汇时所使用的汉字，原则上有音读和训读两种读法。这是一个极其普通平凡的事实，但答案就在于此。

日语里的汉字有音训两种读法这个现象，对于日本人来说是个切身问题，常常很难判断某个汉字该用哪种读法，而且汉字并不总是只有一个音和一个训，所以迄今为止这一现象很少得到正面评价。甚至有知名学者提出建议：日语的书写方式本来就已经极为繁杂，汉字的训读只会加剧混乱，不如索性废除！[9]

可是我认为，与英语的高级词汇中含有的古典语词素相比，汉字词汇的音形这种从本质上来说与日语无缘的语言形式，之所以能够成为日语高级词汇中易于普通日本人理解的、非常稳定的造词要素，其秘密就在于汉字的音这种外来要素与汉字的训这种日本固有的基本词汇构成了表里对应关系。

从这个意义上我们可以说，日语的高级词汇表面上与固有基本词汇是割裂的，但实际上内部是相连的。从这一点来说，日语是兼有英语类结构和德语式结构的中间型。

## 三 概念的双重语音化和书写的两面性

### 双重语音化和两面性

从前面的例子来看，英语里"头"这个概念对应 head 和 cephal-，"影"这个概念对应 shadow 和 scia-，即一个概念对应两个不同的、相互全无形态关联的语言要素，被双重语言化。[更加严谨地说，"头"和"影"的概念不仅仅有希腊语的形态，还以拉丁语系的 capit(a)-或 -umbra- 的形态出现在各种高级词语中[10]，所以应该说英语里同一个概念拥有固有词和两种古典语形态，即被三重语言化（语音化）。不过,希腊语和拉丁语对于西洋文明而言是同根的古典语,同时为了避免解说过于烦琐,这里就把两者归为一体,称为古典语和固有词的双重语音化。]

日语里"头"和"影"的概念同样分别有"あたま"和"トウ"、"かげ"和"エイ"两种不同的语音形态。但是这两种形态是同一个汉字的不同读音,由于这种两面性,它们在日本人的语言意识中是紧密结合在一起的。因此,トウ＝あたま、スイ＝みず、エイ＝かげ、ム＝なし,说到一方即会引出另一方,形成了一种紧密的相关性,这一点使日语与英语产生了很大的差异。

日本人在日常生活中看到"水"和"影"等汉字时,有时候要音读,有时候要训读,结果,两者的对应关系不断得到心理学上所说的"强化"(reinforcement)。如果没有写下"頭"这个汉字,时而音读为"トウ",时而训读为"あたま"的习惯,或者如果"あたま"这个和语词没有必要根据场合用汉字写成"頭"[11],那么,显而易见,"頭"这个文字就会像英语的 cephal-一样,除了特别学习过的专家,其他人完全不知道这表示什么意思。

日语里用汉字书写的高级词汇之所以好懂,是因为虽然单纯从语音形态来看,它与日常用语无关,但这种割裂其实并不是完全的割裂,它在里层与训读,即小孩也知道的基础词汇形成了对应关系。前面我把汉字比作可部分透视的薄纱,正是因为这个缘故。

## 一般理论和例外

上述这些讨论当然只是一般理论。仔细观察的话,同一个汉字的音读和训读,有时意义并不一定完全相等,会出现理论与之不完全相符的情况。比如"寒"对应的"カン"和"さむい"的关系等[12]。

此外,现在使用的汉字并不是都有音训双重读法的,这一点毋庸赘言。有不少像"議""課""凱"这样只有音读的汉字,另外也有少量通常只用训读的字,如"畑""又""汝"等。这些问题,本书限于篇幅,不作讨论[13]。

那么,考虑到以上说明的日语高级词汇与基本词汇之间不即不离的关系,我们把前面的图1换成别的例子重画一下,得到下面的图2。

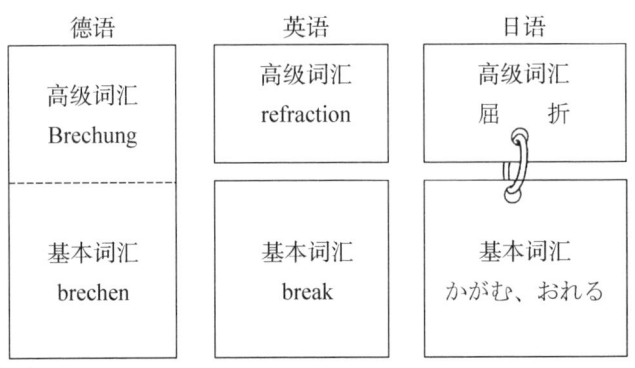

图2 高级词汇和基本词汇的关系(B)

这张图中所展示的日语部分连接上下的环,正是构成高级词汇的每一个汉字所具有的音训双重(两面)性。关于这一点,我将在下一节做更详细的说明。

## 四 日语汉字如双面神般的两面性

### 古罗马的雅努斯神

前面在讨论日语的高级词汇为什么总体上比英语好懂好记的问题时,我们重点思考了两种语言中都有的由古典外来要素构成的复合词与固有的基本词是否有对应关系。

现在我们稍微改变一下视角,以文字书写本身为焦点继续进行分析。

古罗马与古希腊一样,以多神教著称,人们的日常生活中存在着为数众多的神祇,其中有一位名叫雅努斯的很有趣的神。这位神祇不仅脑袋前面有一张长着胡须的脸,脑袋后面也有一张同样的脸,因此日本人将其名字译成"双面神"。

拉丁语里的雅努斯(jānus)本来是"入口""门户"的意思,以这个词命名的雅努斯神,是守卫家门的神祇。为了同时看守家门的内外,他的脑袋前后都有一张脸[14]。

## 汉字如雅努斯神般的两面性

我很早就把日语汉字大多有音读和训读两种读法(语音形态)的情况命名为"雅努斯神般的两面性"(Janus duality),并一直强调其重要性[15]。就像不能从双面神的脑袋上把前后两张脸孔割离开来一般,日本人所使用的从视觉上表示基本概念要素的汉字这种符号,可谓雅努斯的头,音读和训读即其前后的两张脸。

也就是说,汉字这种文字起到了连接器的作用,把从古汉语中继承的音和日语中原有的训这两种在语言系统上毫不相干的语言形式,在日本人的语言意识中结合起来。

这时候关键的一点是:就像前面用罗马字书写的日语高级词汇表所体现的那样,很多时候音的形式本身的独立性、固定性很弱,只有以特定的汉字为媒介,与训这种固有的形式对应起来,才能够具备具体的稳定的意义。

而且,这种本质上的不稳定性还与另一个问题,即极端的同音异义性的问题纠缠在一起。一个音,比如说"コウ",与"高、港、口、红、鋼"等几个汉字相对应,这种同音异字的汉字在日语里有很多。所以,日语对文字符号的依赖是超乎想象的。(不过,关于多义性的问题,我暂时不深入展开。)

## 锚与链

关于日语汉字的这种双面神般的构造,我也不怕大家嫌我啰唆,再打一个比方来说明。音这种语言形式好比一艘来到日本人的语言意识这个港口的外国船。这艘也不知何时离去的外来船,被汉字这条锁链紧紧地拴住,固定在训这个固有基础词的锚上。

与此相比,英语里的外来要素,如 cephal-、scia- 等形式,缺少把它们与意义相对应的固有词语 head、shadow 直接相连的锁链,也就是没有共同的书写形式,所以一般人不易理解这些词,而且即使努力记住了,也很难在语言意识中固定下来。

那么,是不是说英语等语言里完全没有同一书写形式(相当于日语里的汉字)具有双面神般的双重读音的情况呢?至少从原理上来说,相当于汉字的音训相通的现象虽然极少,但还是存在的。

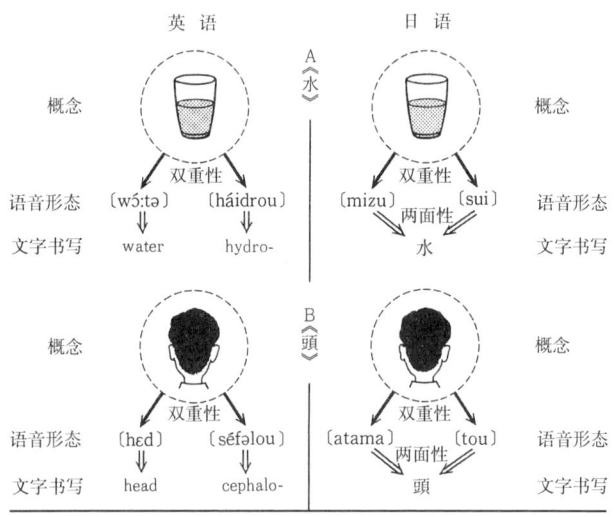

图3 同一概念的双重语音化和同一书写形式的两面性的关系

## 英语、法语的双重读音

在写英语论文等时常常使用一个符号"e.g."。这个符号相当于日语的"例えば/例如",通常按其字母读作"eg"。但是,这个符号有时候会被当作有意义的词语来读,或按照原来的拉丁语读作 exempli gratia,或按照英语的意思读作 for example,即有两种语音化的形式。

像这样,同一个书写形式"e.g.",因人或场合的不同,或读成古典语,或按其意思读成基本语(英语),这种现象从理论上来说完全可以看作音训双重读音。

同样常用的还有"i.e."。这个词由拉丁语的 id est 省略而来,除了读作"ie",还有拉丁语式读法 id est 和英语读法 that is。这样的例子,还有"etc.(et cetera 和 and so on)""viz.""cf.""vs."等省略符号[16]。

在法语里,在文章中列举事项的时候使用1°、2°、3°这样的在数字的右上方加一个小圆圈的标记。这个标记有两种读法,可以读作拉丁语 primo、secundo、tertio[17],也可以读作法语的序数副词 premièrement、deuxièmement、troisièmement。另外,写论文等加注的时候用的符号"N.B.",通常读作拉丁语 nota bene,但偶尔也会将其读作法语 notez bien。

欧洲语言里的少量省略符号,拥有上述古典语和固有词的双重读法,在向外国人说明日语的音训现象时,是极为得力的素材。

这可以让他们立刻明白这样一件事:他们语言里的这种极为边缘化的、例外的现象,在日语里却是重要的、普遍的现象,但差异仅在于此,这种现象本身并不是超出他们理解能力的奇妙之物。

表6　英语、法语的省略符号的读法

| | 训读 | 同一书写形式 | 音读 |
|---|---|---|---|
| 英语 | for example | e.g. | exempli gratia |
| | that is | i.e. | id est |
| | namely | viz. | videlicet |
| | (compare) | cf. | confer |
| | and so on | etc. | et cetera |
| | against | vs. | versus |
| 法语 | premièrement | 1° | primo |
| | deuxièmement | 2° | secundo |
| | troisièmement | 3° | tertio |
| | notez bien | N.B. | nota bene |
| | le même | id. | idem |
| | à l'ouvrage cité | op.cit. | opere citato |

## 要让外国人理解日语的优点

日语在国外的普及才刚刚开始，对于这种乍一看与外语不同，其实自有其合理性和优点的日语结构，如果日本人自己没有正确的理解，对日语不能够持有肯定的认识，那么外国人对学习日语这件事的态度自然就会变得消极。

就像我们在这里讨论的音训的问题，一直以来日本的知识分子都认定这只是一种繁杂的不良旧习，如有可能，应该废止这种双重读音，这样才能实现日语的现代化。要是这样去对别人说，那么外国人学习汉字的热情就会明显减退。

即使是以英语为母语的人，要想掌握英语的高级词汇也是非常困难的。而日语，只要在成人前掌握约2000个基本汉字，就能比较容易地理解几乎所有高级词汇，而且哪怕是一个与语言学毫无关系的人，也能够随意地创造高级词汇。今后的日语教师应该具备把日语的这种优点令人信服地传达给外国人的知识素养。

## 创造高级词汇的难易度

前面刚刚说到，一个并非语言专家的普通人也能够创造日语高级词汇，而这在英语里几乎是不可能的事情。产生这种差异的原因是，正如前面说明过的那样，基本汉字具有古典语和固有词的双重读音，而这样的基本汉字存在于日语的一切概念领域中。

比如，当我们要说牵牛花的蔓是向左卷的还是向右卷的，只要是接受过普通汉字教育的日本人，就有可能想到"左旋（性）/左旋（性）"或"右旋（性）/右旋（性）"之类的用语。因为通过"旋回/盘旋""旋风/旋风"以及"螺旋/螺旋"等词语，可知"旋"字表示"ぐるぐる回る、卷く/一圈圈地旋转、卷起"的意思，日本人可以利用这一点想到"左旋""右旋"。

可是在英语里，左旋、右旋分别是 laevorotatory、dextrorotatory，是与日常用语毫无关系的拉丁语。

另外，植物具有的向阳生长的性质叫作"向日性/向日性"，向月生长的倾向叫作"向月性/向月性"，日本人听到这类词也不会太惊讶。可是在英语里前者是 heliotropism，后者是 selenotropism。希腊语里"太阳"是 helio(s)，"月亮"是 selen(e)[18]，"动"是 tropein，如果不知道这些，不要说自己造词，看都看不懂。

为了让读者更好地理解这一点，我在这里做了表7，展示日语里汉字是如何全面涵盖所有基本概念的。通过自由地组合汉字，日语可以简洁地表达万事万物，而且汉字大都具有训这种固有词的对应形式，易于理解和记忆。比较这张表中的日语与英语，我相信大家就会明白，为什么说即使不是古典语专家，也能够轻松地创造日语高级词汇。

## 表7 表示基本概念的日语汉字及与之对应的英语

**身体部位**

| 日语汉字 | 训读 | 音读 | 英语 | 希腊语、拉丁语词素 |
|---|---|---|---|---|
| 頭 | atama | tō | head | capita;cephal- |
| 額 | hitai | gaku | forehead | frontal |
| 眼 | me | gan | eye | ocular;optical-;ophthalm- |
| 耳 | mimi | ji | ear | aural,auricular;oto- |
| 鼻 | hana | bi | nose | nasal;rhino- |
| 口 | kuchi | kō | mouth | oral;di-stome |
| 歯 | ha | shi | tooth | dental;odonto- |
| 舌 | shita | zetsu | tongue | lingua,lingual;glotto-,glossa- |
| 唇 | kuchibiru | shin | lip | labial |
| 顎 | ago | gaku | jaw;chin | mental |
| 眉 | mayu | bi | brow | supercilium |
| 髪 | kami | hatsu | hair | hirsute;trichi- |
| 毛 | ke | mō | down | |
| 胸 | mune | kyō | chest | sternum;thoracic |
| 腹 | hara | fuku | belly | abdomen,abdominal |
| 手 | te | shu | hand | manu-,manual;chiro- |
| 腕 | ude | wan | arm | brachial |
| 背 | se | hai | back | dorsal |
| 腰 | koshi | yō | waist | |
| 膝 | hiza | shitsu | knee | genuflect |
| 足 | ashi | soku | leg;foot | pede-,-pede;podi-,-pod |
| 指 | yubi | shi | finger | digit,digital |
| 皮 | kawa | hi | skin | -derm,dermo-,dermato-;cutaneous |
| 血 | chi | ketsu | blood | hem-,hemo-,hemato-,-em-;sanguine |

## 动物

| 日语汉字 | 训读 | 音读 | 英语 | 希腊语、拉丁语词素 |
|---|---|---|---|---|
| 犬 | inu | ken | dog | canine；cynic |
| 猫 | neko | byō | cat | feline |
| 鼠 | nezumi | so | rat | muscle |
| 馬 | uma | ba | horse | equi-；hippo- |
| 牛 | ushi | gyū | cow；bull | bovine |
| 羊 | hitsuji | yō | sheep | ovine |
| 豚 | buta | ton | pig | porcine |
| 兎 | usagi | to | hare | lago-morph |
| 鹿 | shika | roku | deer | cervine |
| 鳥 | tori | chō | bird | avi-；ornitho- |
| 鶏 | niwatori | kei | chichen | gallinaceous |
| 卵 | tamago | ran | egg | ovi-，ovari- |
| 雀 | suzume | jaku | sparrow | passerine |
| 鳩 | hato | kyū | pigeon | columbine |
| 烏 | karasu | u | crow | corvine |
| 燕 | tsubame | en | swallow | hirundine |
| 鷹 | taka | yō | hawk | accipitrine |
| 鷗 | kamome | ō | gull | |
| 鴨 | kamo | ō | duck | |
| 雁 | kari | gan | goose | anserine |
| 魚 | sakana | gyo | fish | pisci；ichthy- |
| 蛙 | kaeru | a | frog | ranunculus |
| 蛇 | hebi | ja，da | snake | serpent，viper |
| 虫 | mushi | chū | bug，worm | vermi-，insecti- |

**植物**

| 日语汉字 | 训读 | 音读 | 英语 | 希腊语、拉丁语词素 |
|---|---|---|---|---|
| 花 | hana | ka | flower | floral |
| 草 | kusa | sō | grass | herbi-;gramini- |
| 木 | ki | moku,boku | tree | arboreal;xylo- |
| 実 | mi | jitsu | nut | nuci-;fruct- |
| 種 | tane | shu | seed | seminal;sperma-,-sperm |
| 芽 | me | ga | bud | |
| 葉 | ha | yō | leaf | foli;phyllo-,-phyll |
| 枝 | eda | shi | branch | |
| 幹 | miki | kan | trunk | truncate |
| 茎 | kuki | kei | stem | |
| 梢 | kozue | shō | top | |
| 林 | hayashi | rin | forest } | sylvan |
| 森 | mori | shin | woods } | |
| 叢 | kusamura | sō | bush | |
| 竹 | take | chiku | bamboo | |
| 米 | kome | mai,bei | rice | oryz- |
| 麦 | mugi | baku | wheat | grani- |
| 豆 | mame | zu,tō | bean | legumi- |
| 苔 | koke | tai | moss | |

**方位与方向**

| 日语汉字 | 训读 | 音读 | 英语 | 希腊语、拉丁语词素 |
|---|---|---|---|---|
| 上 | ue | jō | above;over | super-;hyper |
| 下 | shita | ge,ka | under;below | sub;hypo |
| 前 | mae | zen | front,before | pre;pro |

(续表)

| 日语汉字 | 训读 | 音读 | 英语 | 希腊语、拉丁语词素 |
|---|---|---|---|---|
| 後 | ushiro | go | back;rear;after | post;meta- |
| 左 | hidari | sa | left | sinister,laevo- |
| 右 | migi | u,yū | right | dexterous,dextro- |
| 中 | naka | chū | inside | internal;endo- |
| 外 | soto | gai,ge | outside | external;exo- |
| 東 | higashi | tō | east | orient |
| 西 | nishi | sei | west | occident |
| 南 | minami | nan | south | austral |
| 北 | kita | hoku | north | boreal |

## 气象与气候

| 日语汉字 | 训读 | 音读 | 英语 | 希腊语、拉丁语词素 |
|---|---|---|---|---|
| 雲 | kumo | un | cloud | nimbus |
| 霧 | kiri | mu | fog | nebula,nebular |
| 雨 | ame | u | rain | pluvial |
| 雪 | yuki | setsu | snow | niv- |
| 霜 | shimo | sō | frost | |
| 露 | tsuyu | ro | dew | droso-phila |
| 雷 | kaminari | rai | thunder | detonate |
| 水 | mizu | sui | water | aqua-;hydro |
| 波 | nami | ha | wave | undulate |
| 風 | kaze | fū | wind | venti-;anemo-,aeolian |
| 火 | hi | ka | fire | igni-;pyro- |
| 昼 | hiru | chū | daytime | diurnal,meridian |
| 夕 | yū | seki | evening | vesper,vespertine |
| 夜 | yoru | ya | night | nocto-;nocturnal;nycto- |

(续表)

| 日语汉字 | 训读 | 音读 | 英语 | 希腊语、拉丁语词素 |
|---|---|---|---|---|
| 朝 | asa | chō | morning | matinal |
| 日 | hi | nichi, jitsu | day | quoti-dian; hemera- |
| 月 | tsuki | getsu | month | menstrual |
| 年 | toshi | nen | year | annual |
| 春 | haru | shun | spring | vernal |
| 夏 | natsu | ka | summer | aestival, aestivate |
| 秋 | aki | shū | fall | autumn |
| 冬 | fuyu | tō | winter | hiemal, hibernate |

**地形与地势**

| 日语汉字 | 训读 | 音读 | 英语 | 希腊语、拉丁语词素 |
|---|---|---|---|---|
| 陆 | (kuga) | riku | land | terrestial, -terranean; geo- |
| 空 | sora | kū | sky | celestial; urano- |
| 天 | ama | ten | heaven | |
| 海 | umi | kai | sea | marine, mari- |
| 岛 | shima | tō | island | insular; neso-, -nesia |
| 川 | kawa | sen | stream | flume; flux, fluvial |
| 河 | kawa | ka | river | |
| 岸 | kishi | gan | bank | riparian |
| 湖 | mizu-umi | ko | lake | lacu-; limno- |
| 沼 | numa | shō | bog | |
| 池 | ike | chi | pond | |
| 滝 | taki | rō | waterfall | cataract |
| 山 | yama | san | (mountain) | montane |
| 丘 | oka | kyu | hill | |
| 岭 | mine | rei | ridge | apex, apical; summit |
| | | | peak | |
| 顶 | itadaki | chō | top | |

(续表)

| 日语汉字 | 训读 | 音读 | 英语 | 希腊语、拉丁语词素 |
|---|---|---|---|---|
| 泉 | izumi | sen | spring | fountain;font |
| 原 | hara | gen | field | campestral |
| 田 | ta | den | field | agri-;acre |
| 道 | michi | dō | road | via;hodo- |
| 街 | machi | gai | street | |
| 村 | mura | son | village | vicinity |
| 町 | machi | chō | town | municip- |
| 市 | ichi | shi | city | civi-;urb-,-urb |

**空间维度（形容词）**

| 日语汉字 | 训读 | 音读 | 英语 | 希腊语、拉丁语词素 |
|---|---|---|---|---|
| 大 | ōkii | dai | big;large | magni-;mega(lo)- |
| 小 | chiisai | shō | little;small | minu-,minor;micro- |
| 長 | nagai | chō | long | longi-;dolicho- |
| 短 | mijikai | tan | short | curt;brevi-;brachy- |
| 厚 | atsui | kō | thick | pachy- |
| 薄 | usui | haku | thin | tenu,tenui- |
| 高 | takai | kō | high | alti-;acro- |
| 低 | hikui | tei | low | |
| 深 | fukai | shin | deep | bathy-scaphe |
| 浅 | asai | sen | shallow | |
| 遠 | tōi | en | far | tele- |
| 近 | chikai | kin | near | proxi- |
| 広 | hiroi | kō | wide | platy- |
| 狭 | semai | kyō | narrow | anguish;steno- |

日本语和外国语

**性质（形容词）**

| 日语汉字 | 训读 | 音读 | 英语 | 希腊语、拉丁语词素 |
|---|---|---|---|---|
| 重 | omoi | jū,chō | heavy | grave,gravi- |
| 軽 | karui | kei | light | levi- |
| 固 | katai | ko | hard | dur-;-dure |
| 柔 | yawarakai | jū | soft | molli- |
| 熱 | atsui | netsu | hot | calor-;thermo- |
| 冷 | tsumetai | rei | cold | frigid;psychro- |
| 良 | yoi | ryō | good | bene-;beni-;eu- |
| 悪 | warui | aku | bad | mal-;caco- |
| 多 | ōi | ta | many | multi-;poly- |

**运动（动词）**

| 日语汉字 | 训读 | 音读 | 英语 | 希腊语、拉丁语词素 |
|---|---|---|---|---|
| 行 | yuku | kō,gyō | go | -gress,-gression |
| 来 | kuru | rai | come | veni-,-vene |
| 走 | hashiru | sō | run | curri- |
| 歩 | aruku | ho | walk | ambul- |
| 止 | tomaru | shi | stop | cessation |
| 座 | suwaru | za | sit | sed- |
| 投 | nageru | tō | throw | -ject |
| 捕 | toru | ho | catch | capt-,rapacious |
| 飛 | tobu | hi | fly | volat-,voli- |
| 泳 | oyogu | ei | swim | navigate |
| 立 | tatsu | ritsu | stand | -sist |
| 動 | ugoku | dō | move | mobil- |
| 話 | hanasu | wa | speak | -phem;infant |
| 蹴 | keru | shū | kick | |
| 踏 | fumu | tō | step | |

（续表）

| 日语汉字 | 训读 | 音读 | 英语 | 希腊语、拉丁语词素 |
|---|---|---|---|---|
| 默 | damaru | moku | —— | silent, taciturn |
| 悲 | kanashimu | hi | sorrow | dolo, dole |
| 生 | umu | sei, shō | bear | genesis |
| 流 | nagareru | ryū | flow | flux, fluent; rheo- |
| 燃 | moeru | nen | burn | flagrant, inflame |
| 食 | taberu | shoku | eat | edible, -vorous; -phagous |
| 飲 | nomu | in | drink | imbibe, potable; pino- |
| 殺 | korosu | satsu | kill | patri-cide |
| 登 | noboru | tō | climb | ascend |
| 降 | oriru | kō | climb (down) | descend |
| 押 | osu | ō | push | press, -press |
| 引 | hiku | in | pull | tract, -tract |
| 笑 | warau | shō | laugh | deride, ridiculous |
| 眠 | nemuru | min | sleep | somni-, somno; sopor- |
| 知 | shiru | chi | know | -gnosis; cognitive |
| 忘 | wasureru | bō | forget | oblivi- |
| 怒 | okoru | do | anger | irascible |

**感觉（动词）**

| 日语汉字 | 训读 | 音读 | 英语 | 希腊语、拉丁语词素 |
|---|---|---|---|---|
| 見 | miru | ken | see | visi-; scope; -spect |
| 聞 | kiku | bun | hear | audi-; acoustic |
| 触 | sawaru | shoku | feel | tactile, tangent |
| 嗅 | kagu | kyū | smell | olfact- |
| 味 | ajiwau | mi | taste | gusta- |
| 考 | kangaeru | kō | think | cogit-, ponder |
| 疑 | utagau | gi | doubt | dubi- |
| 望 | nozomu | bō | hope | Esperanto; voli- |

## 五　概念符号的不变性、恒常性

### 汉日词典的部首索引

汉字词汇容易理解,而且容易记住。虽然与音训的问题没有直接的关系,但我还是想谈一个与汉字的这个特点相关的好处,而这个好处几乎没被人们意识到。

大多数汉日词典的开头部分都有部首索引。所谓部首,是从许多的复杂汉字中抽取的相同部分,反过来说,也就是被看作汉字的基本构造要素(单位)的东西。

部首索引通常用来检索不知道意思或不懂读法的汉字,是以笔画数量为线索的汉字索引。

但是,换个角度来看这个部首索引,这张表也可以被视为一个框架。在利用汉字这种符号把宇宙中的万事万物划分为多个共同的语义域时,便使用这一框架。

一个汉字的构成要素中如果有"水",或者有其变形"氵",那么这个汉字整体所表示的概念基本上会在某种意义上与水的性质、状态等有关系。可以说,这是从水的角度对世界进行语义学层面的整理的结果。

实际上,我打开手边一本极为普通的汉日词典,检索了一下"水部",发现其中的四百几十个汉字确实几乎都在某种意义上表示与"水"有关的概念。看到这个,连我自己都再次感到惊讶。

比如"法则"和"法律"等中的"法"字,究竟在什么方面与"水"有关系呢?我自己以前从来没有想过,然而,词典里给出了让我释然的解释。当然,其中也有像"求"这样的字,无论怎么看都看不出与"水"的关联。还有"汝"字,因为诸多复杂的转用的历史,现在已经和"水"字完全无关了。这样的情况虽然很少,但也确实是存在的。

此外,还有一些包含了"水"字的汉字词("水道""海水""排水口"),自然都表示在某个方面与"水"有关的事物。

## 表示意义范畴

通过特定的汉字或汉字的构造要素对宇宙进行语义学层面的分类,这种分类形式极为朴素,日本人一般都能够隐约地感觉到。这反映在我们的常识中:"鱼"字旁的汉字一定在某个方面与鱼有关系;而如果某个汉字中有"火"字或其变形"灬",那么这个字在大多数情况下一定在某个方面具有"火、燃烧、热"的性质。(当然也有"燕"这样的字,怎么都找不到与"火"相关之处。或许是从喉咙的红色来的。)

而且,这非常有利于把许多汉字(词)相互关联进行记忆。比如,日语里与"血"有关的汉字词有几十个,就像我们后面列举的那样,它们全部包含"ケツ"的发音并具有共同的视觉记号(汉字)。于是,一个包含"血"字的汉字词,即使你不明白它的意思,也肯定能够马上知道这是某个与"血"有关的概念。也就是说,对于某个不明白意思的词,至少你能够确定其概念所属的语义域。

## 含有"血"字的词汇

血液、血清、血行、血栓、血球、血沈、血管、血压、血漿、血餅、血粉、血痰、血糖、血便、血尿、血瘤、血痕、血塊、血色、血气、血相、血淚、血族、血緣、血脈、血統、血判、血書、血盟、血戰、血路、血税

出血、止血、充血、貧血、多血、吐血、喀血、下血、溢血、鬱血、瀉血、鮮血、潛血、造血、溶血、凝血、温血、冷血、輸血、供血、給血、売血、献血、吸血、流血、無血、心血、熱血、混血

上面这些二字词再加上汉字，可以进一步变成"白血球、白血病、赤血球、血小板、高血压、静脉血"之类复杂的词，但只要是与血液有关的概念，必然会有共同要素"血"字。

像这样，某个用语所属的语义域，总是会以特定的汉字记号显示出来，这对于专家以外的一般使用者来说，是非常有利的一件事。

## 英语的情况

如前所述，日语里有关血液的用语，总是会包含同一个汉字"血"，而且发音和字形毫无变化。与之相对，英语中除了包含日常用语 blood 和 bleed 的词汇，其他高级词汇中会出现各种形式的希腊语或拉丁语。而且由于语音和语法上的原因，相同的词会有许多不同的发音和变形，以至于除了有相当造诣的专家，一般人很难找到这些词中包含的相同词素。也就是说，无论是看还是听，都不会知道那是与日常用语 blood 有关的词语。于是就只能零散地单独去记住每一个词，这对于记忆来说是很大的负担。

比如表示贫血的 anemia、表示出血的 hemorrhage，还有表示造血的 hematogenesis，这几个词粗看之下没有任何共通之处，但是实际上，它们包含了同一个古希腊语中表示"血"的词。

而且，麻烦事还不止这些。有关血液的英语专业用语，有的包含上述之外的希腊语要素（如"紅血球""白血球"等的英语），还有的包含拉丁语的"血"（sanguis），甚至有时会使用与血液没有直接关系的用语，所以如果不是医生或生理学家，一般人只能徒呼奈何。这种情况与日语整齐划一的"貧血、出血、造血、白血球、血漿"等造词体现出的一贯性之间，可以说有天壤之别。大家可以通过表8体会这种巨大的差异。

## 表8　有关血液的英语高级词汇

1）含有希腊语 $\alpha\tilde{\iota}\mu\alpha$（血）的词

（这个词在英语里以三种形式出现：1.hemo-，hema-；2.hemato-，hemat-；3.-em。）

| | |
|---|---|
| *hemo*rrhage　出血 | *hemato*cryal　冷血 |
| *hemo*lysis　溶血 | *hemat*emesis　吐血 |
| *hemo*stasis　止血 | *hemat*uria　血尿 |
| *hema*l　血的 | an*em*ia　贫血 |
| *hemato*genesis　造血 | leuk*em*ia　白血病 |
| *hemato*cele　血瘤 | |

2）来自其他希腊语

erythrocyte　红细胞　　　　leucocyte　白细胞

3）来自拉丁语的 sanguis（血）

| | |
|---|---|
| *sangui*ne　血色好 | *sangui*colous　寄生血液的 |
| *sangui*fication　造血 | con*sangui*ne　血亲（同族）的 |
| *sangui*neous　血液的 | |

4）来自其他拉丁语

| | |
|---|---|
| serum　血清 | congestion　充血 |
| plasma　血浆 | cruor　凝血 |
| depletion　放血 | |


**注**

(1) 在英语里，当人们遇到难懂的词语和表达方式的时候，为了表示自己完全不懂，会说："It's all Greek to me."另外，在法国，文化程度较低的人听不懂话的时候会说："C'est du latin."这两句话都表示：古典语免谈！听不懂！

(2) 此处的表不是基于某种原理制作的，只是把我脑子里想到的一些词收集起来而已。所以，读者可以将其视为体现大概倾向的表。

（3）运用这一组相对立的概念对英语、德语、法语进行详细比较的有 Stephen Ullmann，Semantics：*An Introduction to the Science of Meaning*，1962的第四章。该书的日语译本有池上嘉彦译『言語と意味』大修馆书店，1969年。

（4）如果要更加严密地区分的话，那么其中第二种类型应该分为外来要素多用古典语的类型和多用现代外语的类型。这样的话，日语除了使用汉字这一古典语要素之外，还常用从现代英语中借用的词语，因此可以说是两者的混合型。但这个特征在现代世界上的几乎所有语言中都存在，只是程度有所不同，所以不作考虑。

（5）牙医在治疗时使用的电灯也是一种小型的无影灯。有时也叫作 shadowless lamp。

（6）有趣的是，对于英语里难懂的高级词汇，以意大利语、西班牙语为母语的人，以及以法语为母语的人（虽然不如前两者），他们有时候一看就能够懂得意思。这是因为这些语言属于拉丁语系，他们在日常生活中就会使用和英语高级词汇几乎相同的词。

（7）德语在这一情况下仍然使用日常用语的组合 Affenmensch（英*ape-man）。

（8）阿加莎·克里斯蒂的 *The Man in the Brown Suit*（《褐衣男子》）里有这么一段：一位精通考古学的知识女性，说了一个专业术语 brachycephalic（短头颅的），警官因不知道这个词怎么拼写而感到为难。另外，在她的另一部著作 *They Came to Bagdad*（《他们来到巴格达》）里，打字员因不知道 anthropology（人类学）的意思而困惑。

（9）梅棹忠夫「現代日本文字の問題点」，收录于季刊 *Energy*，第六卷，第二号（特集＝文字と現代社会），1969年。

（10）capital/de-capitate，umbrageous/ad-umbrate 等。

（11）朝鲜语里没有这个习惯，汉字通常是音读。

（12）关于这一点可参照 Suzuki Takao，*A Semantic Analysis of Present-day Japanese, with Particular Reference to the Role of Chinese Characters*，Keio University，1963。

（13）关于这一点可参照森冈健二『文字の機能』（明治书院，1987年）的第三章「漢字の層別」。

（14）因为门口是区分内与外两个不同性质的区域的分界线，雅努斯也被看作掌管事物起点与终点的神。英语等语言里每年的第一个月叫作 January,就是基于"雅努斯的月份"的意思。

(15) Takao Suzuki, On the Twofold Phonetic Realization of Basic Concepts: In Defence of Chinese Characters in Japanese (in *Language in Japanese Society*, ed. by Fred C. C. Peng, University of Tokyo Press, 1975).

(16) cf.读作 compare 或 confer,都是拉丁语读法,严格说来不能看作音训双重读法。

(17) 表6的1°、2°、3°中的小圆圈,其实是拉丁语的 primō 等词词末 o 的残留。参照 N°=numer*o*。

(18)「セレン整流器」(硒整流器)等中的「セレン」是「セレニウム」(硒)的缩略语,这个词来自"月"。

# 第五章　汉字不为人知的功能(2)
## ——视觉性辨别要素的必要性

## 一　对贫乏的音韵、音节构造的补充

**不易变更的语音构造**

以往对巴布亚新几内亚等地区的调查并不充分,而随着对这些地区的研究不断展开,我们所知的当今世界上使用的语言的数量在不断增加,目前认为全世界的语言种类接近5000种。

数量庞大到令人吃惊的语言,各自都有其独特的语音构造、语法结构、词汇体系。现在普遍认为,按照是否易受其他语言影响而发生变化来排序的话,构成语言的这些要素中最容易发生变化的是词汇,其次是语法,而语音构造是最难发生变化的。

语言所具有的语音构造包含很多内容,有使用的音素的种类、由音素组合构成的音节的数量和种类、声调的升降和强弱的配置等,这些要素综合起来就形成了语言特有的语音语调。这是相对较难改变的语言要素。

当然,在漫长的岁月中,语音构造一般也会慢慢地发生变化,而且短时间内发生较大变化也是有可能的。以日本来说,在奈良时代,由于从外国传来了大量的汉字,以往的日语发音发生了部分变化,这是大家都知道的。而最近的例子是,把棒球队的"チーム"发音成"ティーム"的人越来越多了。

也就是说，前面我说语音构造不容易变化，是指相对于词汇等的眼花缭乱的变化而言，语音具有相对稳定性。我特别想强调的一点是：即使有意识地想要改变，语音构造也是很难改变的。

从这个意义上来说，某种特定语言的语音构造很难成为有意识的语言改革的对象。稍微夸张一点说，在某个特定时段，某种语言所具有的语音构造，我们只能将其作为一种宿命般的既定事实，不得不接受它。

## 汉字的助力

为什么说这一认识很重要呢？那是因为我之前关于汉字的讨论都建立在这样一个前提上：一方面，与英、德、法之类的欧洲语言相比，现代日语的语音构造简直贫乏得令人吃惊，而另一方面，我们对此又很难加以改变。

如果我们能够像改变文字体系或把词汇变成外来语那样简单地去改变语言的语音构造的话，这样的讨论或许能够成立：通过毫不犹豫地实施语言政策进行语音改革（比如引入以往没有的音素，改变音节的构造，增加音节的种类等），可以完全废除汉字。然而实际上这几乎是不可能的，正因为如此，日语需要汉字这个视觉手段的帮助，而且今后也仍然绝对需要，而这正是我接下来要讨论的内容的主旨。

## 音素的数量和单词的长度

我们都知道，做菜的时候要准备好丰富的材料，如肉、蛋、鱼、各种蔬菜以及各种调料，才能做出品类众多的佳肴。同样，在语音领域，具备许多不同材料的语言能够制造出丰富多样的易于使用且词形短小的词语，有利于语言的表达。

从纯理论的角度来说，就像如今我们使用的电脑一样，仅仅使用

1和0两个信号（符号）的组合去创造无限的单词，也是可以做到的。

然而这种情况下，要想使造出来的每一个单词都被识别为与其他不同的单词，那么单词的长度，即1和0的组合就难免变得很长且复杂。电脑的话，因为其演算速度非常之快，词再长也能处理。可是在受诸多条件限制的日常生活中相互传达信息的时候，实际上人的大脑几乎是无法处理由很少的单位组成的很长的符号列的，比如说狗用0111001，猫用0111011。

日语这种语言，可用于传达意义的语音单位（音素）只有23个，而法语有36个，德语有39个，英语则有45个，相当于日语的1.5～2倍。仅凭这一点，我们就能够明白，日语若要想拥有与这些语言相同数量的单词，那么由音素组合构成的每一个单词必然会变得很长。

### 词语的长度和使用频率

然而，实际使用语言的时候，如果每一个单词都很长的话，那么传达信息的效率就会非常低下。

比如，像古典落语『寿限無』①/《寿限无》里那样，因为给自己的孩子起了一个过于讲究的很长的名字"ジュゲムジュゲムゴコウノスリキレ……/寿限无寿限无五劫才能摩擦掉……"，使用时又不加以省略，结果本来可以获救的孩子丧了命。所以说，平常使用频率高的人名或事物名称越短越好。

美国的语言学家乔治·金斯利·齐夫（George Kingsley Zipf）曾经

---

① 译注：日语古音读作"じゅげむ"，是日本的传统曲艺形式落语的一个节目，相当于中国单口相声的经典段子。这段落语的大意是，父母拜托寺院住持给新生儿取名字，认为名字长一点比较好，住持列出了很多包含美好愿望的名字，父母难以决定哪个好，结果给孩子起了一个很长的名字。某天孩子掉进水里，报信人在报名字时费时太长，耽误了救援，孩子不幸淹死。"寿限无"即寿命无穷无尽之意，寄托了希望孩子长命百岁之愿。

调查过词语的长度和使用频率的关系,发现这样一个事实:某个词语的出现频率越高,它的词形就越短。这个观点后来经过统计学处理,被抽象化为一个公式:单词在语料库(corpus)中出现的频率(frequency)与它在频率表中的排名(rank)大致成反比(f×r=k)。这就是有名的齐夫定律(Zipf's Law)。

简单来说,就是日常频繁使用的词语大多是词形短的词,难得使用一次的词语则词形较长。同时这个公式还告诉我们,本来很长的词语如果经常使用,那么词中的一部分就会被省略而变短。"パーソナル・コンピューター/个人计算机"如今一般说成"パソコン",就是如此[1]。

## "メ""ハ""ネ"……

可是,像日语这种音素数量少的语言,如果随意地缩短每个单词,就会使同音同形词增加,导致词语之间的相互区别变得困难,并且造成歧义(ambiguity)。

比如,如果将"眼""芽""女""雌(牝)""馬""若布(わかめ)"等众多的词语都集中到"メ"这个简短的语音形式上,那么一个词语单独出现时究竟表示哪个"メ",就很不明确。于是除了"眼"之外,其他的往往就只能用"木の芽""おとめ""めうま""馬手""め刈り"等复合词或补充形式。于是词形再次变长了。

"ハ"和"ネ"的情况也是同样。"ハ"可以表示"歯""葉""羽""端"等意思(不考虑声调),表示这些意思时,也往往用"葉っぱ""羽根""はしっこ、はし"等补充形式,如果只说"ハ",日常生活中大多是指牙齿。"ネ"也多以"根っ子""はつ音""寝顔""子の刻"等形式,使用复合形或带着修饰语出现。

## 另一个原因

然而,日语之所以难以造出传达效率高且词形短的词语,并不只是因为音素数量相对较少这样一个事实。因为即使音素数量少,如果能自由组合音素的话,还是可以造出许多词形短并能相互区别的词语的。

假设日语现在有 m、t、d、k、g 等音素。如果这些音素能和元音 e 组成＊met、＊med、＊mek、＊meg、＊mem 之类的词,那么不用增加音素种类,就能够造出相当数量的简短的词语。同时我们把＊met 作为"眼",把＊med 作为"芽",把＊mek 作为"女",把＊meg 作为"雌",把＊mem作为"馬",仅由"メ"表示各个意义时所产生的语义模糊便一下子消失了。不仅如此,同样是用 m、t、d、k、g、e 这几个音素,还可以进一步造出 tem、dem、kem、gem,以及 tet、det、ket、get,ted、ded、ked、ged,teg、deg、keg、geg 等词。

可是,日语里却存在着极为严格的限制音素组合的规则,使我们无法充分利用这些为数不多的宝贵音素。

## 辅音＋元音

人类语言的语音可以分为元音和辅音两种不同性质的音。用实际例子来说,日语的"ア、イ、ウ、エ、オ"是五个元音,英语的 m、t、l、f 等是辅音。日语里也有14个不同的辅音,但这些辅音绝对不能够单独使用,也不能够连用,使用时必须把辅音放在元音的前面,而且只能放一个辅音。用罗马字书写的话,"タ"写作 ta,"ミ"写作 mi,"ケ"写作 ke。也就是说,日语的辅音有一条规则,那就是只能以"辅音＋元音"的组合形式出现。

所以,虽然有 t 和 e,却不能组成 tet 这样简短的单词,只能使用 te、tete、tetete 等组合。tet、et 是不被允许的。如果用 C 来表示辅音,用 V 来表示元音,那么日语里的音素原则上只能组成 CV 的形式。

然而,在英、德、法等欧洲语言中,却没有这种严格限制辅音组合的规则。于是,与日语相比,这些语言的音素可以自由地进行组合,实在令人羡慕。而且,前面也说过,它们的音素数量是日语的近两倍,所以它们能造出无数简短且易于使用的单词。

## 英语、德语的情况

关于这一点,我们接下来看看英语和德语的情况。[一个音节可以被看作一个组合紧密的语音单位,它以元音为中心,在其前(后)有辅音(0个至 n 个)。]

如下表所示,德语的单音节词(最简短的词)的类型有24种。英语里也多达19种。这两种语言与日语的一个很大差异就是,V(元音)的后面可以连续排列多个C(辅音)。此外,在 V 的前面,日语只能有一个C,而英语和德语却都可以叠至3个。把这种情况与日语唯一的音节 CV 相比较[2],相信大家能够理解我前面为什么不说日语的音韵很单纯,而是说很贫乏。

表9　单音节词的构造

日语
　　　CV

德语[3]

| | 类型 | 词例 |
|---|---|---|
| 1 | V | Ei(蛋) |
| 2 | VC | in(在……里面) |
| 3 | VCC | Art(种类) |
| 4 | VCCC | Obst(水果) |
| 5 | VCCCC | Ernst(认真) |

| | 类型 | 词例 |
|---|---|---|
| 6 | VCCCCC | impfst(种痘,第二人称形式) |
| 7 | CV | da(那里) |
| 8 | CVC | Tor(门) |
| 9 | CVCC | Bild(画) |
| 10 | CVCCC | Furcht(恐惧) |
| 11 | CVCCCC | Herbst(秋) |
| 12 | CVCCCCC | kämpfst(战斗,第二人称形式) |
| 13 | CCV | Schnee(雪) |
| 14 | CCVC | Brot(面包) |
| 15 | CCVCC | Schrank(柜,橱) |
| 16 | CCVCCC | Brunst(发情) |
| 17 | CCVCCCC | schrumpft(皱缩,第三人称形式) |
| 18 | CCVCCCCC | schrumpfst(皱缩,第二人称形式) |
| 19 | CCCV | Stroh(麦秸) |
| 20 | CCCVC | stramm(壮实) |
| 21 | CCCVCC | Strand(海滨) |
| 22 | CCCVCCC | Strumpf(长筒袜) |
| 23 | CCCVCCCC | pfropfst(塞住,第二人称形式) |
| 24 | CCCVCCCCC | —— |

英语[4]

| | 类型 | 词例 | | | |
|---|---|---|---|---|---|
| | | [i] | [æ] | [ij] | [aj] |
| 1 | V | …… | a* | …… | …… |
| 2 | VC | in | at | E | I |
| 3 | VCC | ink | ant | eat | ice |
| 4 | VCCC | inks | ants | east | isles |
| 5 | VCCCC | …… | …… | easts* | (asks) |
| 6 | CV | …… | …… | …… | …… |
| 7 | CCV | …… | …… | …… | …… |

| 8 | CCCV | …… | …… | …… | …… |
|---|---|---|---|---|---|
| 9 | CVC | pin | pat | sea | my |
| 10 | CCVC | spin | spat | tree | spy |
| 11 | CCCVC | split | sprat | spree | (stray) |
| 12 | CVCC | pink | pant | meet | kite |
| 13 | CVCCC | pinks | pants | meets | kites |
| 14 | CVCCCC | jinxed | calxed | …… | …… |
| 15 | CCVCC | spilt | spank | speed | spike |
| 16 | CCVCCC | spilts | spanks | speaks | spikes |
| 17 | CCVCCCC | glimpsed* | (twelfths)* | …… | …… |
| 18 | CCCVCC | sprint | strand | street | spright |
| 19 | CCCVCCC | sprints | strands | screams | strikes |

*表示例外。( )表示补充例子。

而且,在英语和德语里,能放在 C 的位置上的音素数量要比日语多得多,所以究竟有多少单音节词是无法想象的。

当然,任何语言都有其音素配置规则,比如存在有些 C 不能挨着某个特定的 C 这类排列上的限制。所以,音素的全部排列组合,并不等于现实存在的单音节词的数量,并且也存在理论上成立而事实上并没有任何词语包含这种音素组合的情况(空位)。

可是,即使排除这些情况,英语和德语里仍然有数量庞大的简短的单音节词,这是我们大家都能亲身体会到的。有两三位学者推测两种语言都至少有3000个单音节词,而日语里可以构成单词的音节只有大约100个。这种差距,从语言的表达效率来说,不能不说是非常巨大的。

我自己也知道,前面的这些论述在专门的语音学家看来,有许多几近荒唐的粗率且不正确之处。但是,从本书的性质和目的来说,我希望各位只关注问题的焦点就可以了。

汉字这一视觉性符号的一个功能,就是在一定程度上弥补日语语音结构上的这种弱点。

## 二　对抽象的语义构造的补充

### 汉字具有的个别具体性

上一节里提到,固有的日语不仅音韵(音素)数量少,而且音节构造简单并受到许多制约,所以日语中简短好用的单词的数量必然有限,在某种程度上弥补了这一缺点(不便)的,便是汉字(词)所具有的视觉性要素[5]。

然而,汉字(词)对固有日语的补充作用,不仅出于语音方面的原因,也与日语固有的语义构造有关。下面我就来说明这一点。

首先简要地说一下结论:固有日语词汇的意义总体来说是非常抽象的,所以为了详细具体地叙述事物,就必须加上很多说明性的修饰要素,因此表达难免会变得很长。

然而,很长的词句在使用时是很不方便的,于是就要缩简。可是如果词形变短了,由于我们前面讲的语音构造简单的问题,就会产生大量的同音异义词,导致辨别困难。而对日语基本词汇的这种抽象性进行补足的,正是汉字所具有的个别具体性。明白了这一点的话,就能够认识到那些乍一看不必要的、多余的同训汉字(如"固、坚、硬""取、採、捕、摂"等)的必要性。

接下来我们就进入正题。在此之前,先要讲清楚什么是我所说的语义构造的抽象性和个别具体性。不过,从历史上来说,这些概念是通过德语和法语的比较而得到的,所以我们就从这里开始吧。

## 德语和法语

曾经,瑞士的语言学家夏尔·巴利(Charles Bally)在比较分析邻国的语言德语与自己国家的法语后,指出了一个很有趣的事实:一般来说,德语词语所具有的意义,在具体性和个别性上远胜法语[6]。

这一点可以用实例来说明。比如德语里具有"人移动位置"这一意义要素的动词有三个:gehen、fahren、reiten。每个动词都含有独特的前提,表明"位置的移动"是通过何种"手段"来实现的。从这个意义上来说,它们是个别性、具体性很强的动词。

gehen(英语的 go)这个动词,本义是人"用脚"移动,也就是"走"。fahren(英语的 fare)表示"利用某种交通工具"实现的移动。而 reiten(英语的 ride)则仅用于移动工具是"马"时。

然而,"用脚""乘坐交通工具""骑马"这些前提,完全没有出现在字面上,而是各个动词的整体表示"人用脚(坐车、骑马)来移动位置"的个别性意义。

法语里与德语 gehen 对应的是 aller à pied。aller 是"去"的意思,à pied 是"用脚"的意思。另外,对应 fahren 的法语是 aller en voiture,en voiture 表示"乘坐交通工具"。而 reiten 在法语里是 aller à cheval,à cheval 表示"骑马"。

也就是说,德语中一个动词以其整体表示复合性的意义,而在法语里则是用"aller+手段"的形式进行分析性的表达。aller 本身只负责表示"人的位置的移动"这部分意思。相当于把前面那三个德语动词因式分解,那么三个词中暗含的"位置的移动"这一要素就是公因式,可以提取到括号外面,而 aller 就是这个公因式,因此可以说它的抽象程度很高。

## 帽子、手套、鞋子也一样

再举一个例子。人们往身上穿衣服、戴帽子、套手套、穿鞋子,这一连串的动作在法语里可以用 mettre 这一个动词表示。也就是说,这些看上去互不相同的动作,从"使某种东西紧贴于身体上"的观点来看,也可以找到共同的意义。而这就是 mettre 这个动词的意思。

正因为如此,在法语里不仅仅是穿衣服、戴帽子、套手套、穿鞋子,就是戴眼镜、抹口红、喷香水等,也都可以用 mattre 与适当的名词的组合来表达。这里也是一样,如果仅看 mattre 这个动词的话,其抽象度是很高的[7]。

然而在德语里,虽然 anziehen 这个动词可以用于穿戴大多数服饰的场合,但戴帽子需要用另一个动词 aufsetzen。戴眼镜也是用 aufsetzen。喷香水则是 parfümieren,抹口红是 anmalen。也就是说动词的个别性很强。

## "钟表"的情况

使用上述观点,对大量的德语和法语动词的语义构造进行比较,就会发现正如巴利说的那样,法语理解事物、现象的方式更偏抽象,而德语中则有很多具体的、个别的表达[8]。

这种语义构造的差异所带来的必然结果就是:法语中独立的基本动词的总数要远远少于德语。

不过,在我看来,关于上述结论是否适用于这两种语言的所有词汇领域这个问题,似乎还有必要慎重地加以考察。比如在名词里,就有相反的情况。以钟表,也就是意为"测定时间的工具"的词为例。挂钟、座钟、手表、怀表、闹钟以及秒表等,在德语里基本上统称为 Uhr,并采用说明性的词 Wanduhr、Tischuhr、Armbanduhr、Taschenuhr、Weckeruhr、Stoppuhr 来指称不同的钟表。

可是在法语里却相反,根据钟表的种类,分别称为 pendule、horloge、montre、réveil、chronomètre 等,并没有像德语的 Uhr 那样通指"测定时间的工具"的词语。在这里,我们不得不说巴利指出的德法语言的关系反过来了。

虽说如此,但至少在动词这一块,德语是个别的、具体的,法语是分析性的、抽象的,这是毫无疑问的事实[9]。

## 英语和日语

那么,如果从前面所讲的词汇的语义构造是具体的还是抽象的这个角度来比较一下英语和日语,我们会发现怎样的事实呢?英语的词汇中混杂着各种不同系统的要素,但是大致上可以说是三重构造:首先是固有的英语,也就是来源于日耳曼语系盎格鲁-撒克逊语的基础部分;在其上面厚厚地覆盖着大片的法语(Norman French)系的词汇;最上面则是学术或技术等领域的所谓高级词汇,就像前面所说的那样,绝大部分是希腊语、拉丁语系的造词。

其中法语系的大部分词汇如今都英语化了,普通人几乎无法将其与盎格鲁-撒克逊语系的词语甄别开来。比如 clear、sure、pure 等日常使用的形容词,还有孩子们也会使用的 pain、train、secret 等名词,以及人人都知道的 part、save、treat 等动词,其实本来是法语系的词语。这个事实如果不是专门学过一些英语历史知识的人,是不会知道的。

因此,我们大致上认为,在英语里,这两种词语混杂在一起,构成基本词汇,在其上面是古典语系的高级词汇。

而现在日语的词汇可以大略地分为三种:占据高级词汇的大部分的汉字词,从起源上来说与前者毫无渊源的和语词,还有近年来呈现迅速增加趋势的西洋语(所谓外来语的绝大部分)。

## "なく"这个动词

我在前面分析语音的部分说过,很多人认为学习汉字需要花费大量时间,会给记忆造成负担,因此努力废除汉字。然而日本人却依然在使用汉字,这其实并不只是由于语言外的因素,比如社会的惰性或是为了维持语言文化的连续性(毋庸置疑这也是很重要的一面)[10],更多的是由于日语这种语言本身的内在构造。关于这一点,我们先从语义构造是抽象的还是具体的这一角度来比较一下英语和日语的基本词汇。

我们来看看最基本的日语(和语)动词之一"なく"。这个词不仅可以用于人、鸟、野兽,甚至虫子之类的生物也能用。而且无论哭的时候流不流眼泪,都能用"なく"。响彻周边的大声叫喊可以用"なく",窃窃私语也可以用"なく"。

总之,"なく"这个动词,可以说是一个表示"某种生物发出不具备语言意义的声音"的意义非常抽象的词。之所以限定为"不具备语言意义的发声",是因为在人们"話す""喋る""語る""言う""怒鳴る""叫ぶ""囁く""呟く""歌う"等时候,一般是不能说"なく"的。

我们说"なく"是抽象的,就是因为这个动词忽视了发声主体的种类、声音的发出方式,还有发声时伴随的各种现象。

## "なる"的情况

日语里与"なく"这个动词语义极为相近,而且形态上也很相似的动词还有"なる"。"なる"这个词也可以说非常抽象,因为几乎一切事物都可以作为"なる"的主体(主语)。不光是乐器、钟、铃、火警钟、木鱼等本来就是以发出声音为目的制作的道具,几乎所有发出声音

的非生物①都可以作为"なる"的主体,如"雷がなる/雷鸣""海なり/海鸣""地なり/地鸣""草や木がざわざわとなる/草和树木沙沙作响""風がヒューヒューなる/风呼呼地吹"等。

可以看出,日语里是先把导致空气振动的主体分为生物和非生物两大类,生物发出不具备语言意义的声波时全都可以用"なく",而发声源为非生物的时候总是用"なる"[11]。

不过,这种生物与非生物的区别是语言学性质的。比如空腹时发出的声音,如果将其看作肚子里的"虫"在叫,那就会说"腹の虫がなく";而如果把声源看作身体的一部分(即非生物),那么尽管是完全相同的现象,却说成"腹がなる"。

然而在英语里,相当于日语"なく"的动词粗算一下也不少于40个,大家可以参照后面的表10"表现英语基本词汇的个别具体性的例子"。这些数量惊人的动词,它们各自的意义里面包含了具体的识别特征,即某种东西是怎样发出什么样的声音,因而用法也极为具体。"なる"也一样,英语中可以找到二十多个与它对应的、具备具体细致的使用条件的动词。

## "かたい"

我们再举一个例子来说明日语基本词汇中普遍存在的这种抽象性。

那就是形容词"かたい"。通过分析,我们可以知道它的意义是"即使施加外力也很难变形",所以石头、宝石、铁、木头等都可以说"かたい"。然而实际上它们各自的材质、状态是不同的,应该可以区分出各种"硬度"。

比如说,怎么咬都咬不断的肉的"硬"与铁的"硬",总体来说是两

---

① 译注:日语中的非生物包括无生命的物体和植物。

种不同的性质,这对于任何人来说都是一目了然的。可是从"抵抗外力并很难变形"这一高度抽象的意义层面来比较的话,这两者具有相同的性质,所以都可以说"かたい"。

玻璃、水晶当然也很硬,但用铁锤一敲就会变得粉碎。而铁不会被敲碎,只会延展开来而变形。可是,日语的"かたい"完全忽视这些细节,仅仅着眼于难以变形的性质。

总而言之,所谓语义构造抽象,从逻辑学上来说,就是指某个概念的内涵意义少,但是反过来它的外延,即该概念适用的事实和现象的范围很宽。日语里,肉、石头、米饭、铁、钻石、荞麦面、乌冬面、葛粉汤等各种各样的东西都可以说"かたい",螺丝、结扣、塞子等也可以变得"かたい",还有一些比喻性的表达,如"かたい决心/坚定的决心""守りがかたい/防守坚固""頭がかたい/死脑筋",这些用法都源于"即使施加外力也很难变形"这一抽象意义。

与之相对,英语里形容石头很硬用 hard,肉很硬用 tough,结扣很紧用 fast,螺丝很紧用 tight,决心坚定用 firm,布织得很密用 close,坚挺用 stiff,筋肉等僵硬用 stark,果冻等凝固用 thick。也就是说,英语会个别地、具体地去区分某种东西是如何"かたい"的。

虽然我并没有比较英语和日语的所有词汇,但除去一些固有风土条件和文化原因造成的特殊情况[12],概览一般性词语的语义构造,可以得出以下结论:总体来说,日语的基本词汇——和语词的抽象度比英语更高,其结果就是单词总数少,而英语的基本词汇大多富含个别具体性,所以单词总数也多。关于这一事实的具体例证,我选取了一部分例子归纳为下表。

### 表10　表现英语基本词汇的个别具体性的例子

1) 名词的例子

かわ(何物かが外部と接する境界面)/皮(某物与外部接触的表层)

skin　　　動物のかわ(一般的)/动物的皮肤(普通用法)

## 第五章　汉字不为人知的功能（2）——视觉性辨别要素的必要性

| | | |
|---|---|---|
| hide | 販売、加工の原料としてのかわ/用作贩卖、加工原料的皮 | |
| fur | 毛のついているかわ、毛がわ製品/带毛的皮，毛皮制品 | |
| pelt | 未だ毛のついている生のかわ/还带着毛的生皮 | |
| leather | 製品になったかわ/制成产品的皮，皮革制品 | |
| bark | 木のかわ/树皮 | |
| rind | 西瓜やチーズの固いかわ/西瓜或奶酪的硬皮 | |
| peel | オレンジなどを剥いたかわ/橙子等剥下来的皮 | |
| sheath | 竹（の子）のかわ/竹子（笋）的皮、壳 | |
| husk | 豆や穀物のかわ/豆子或谷物的皮、壳 | |
| shell | 動植物のかたい外被（から、さや）/动植物的硬质外皮（壳） | |
| crust | 堅い外被、パンのかわ/硬质外皮，面包皮 | |
| film | 薄い膜のようなかわ/薄膜状的皮 | |
| skim | 牛乳のうすかわ/奶皮 | |
| case | 時計のかわ（金がわ）/钟表的外壳（金壳） | |

むれ（動物の集合体）。人、けもの、鳥、魚、虫なんでもよい/群（动物的集合体）。人、野兽、鸟、鱼、虫都可以

| | |
|---|---|
| group | 人の集り（最も一般的）/人的群体（最普通的用法） |
| gang | 同一行動をとる人々のむれ/采取同一行动的人的群体 |
| mob | 人々の無秩序な集り/人的无秩序的群体 |
| throng | 群集（むらがる）/群集，人群 |
| crowd | 大勢の人の集り/很多人的聚集体 |
| band | 特定の目的を持つ人々の集り/有特定目的人的群体 |
| lot | 特定の性質をもつ人々の集り/有特定性质的人的群体 |
| herd | 牛のむれ/牛群 |
| flock | 羊（山羊、鳥）のむれ/羊（山羊、鸟）群 |
| stud | （飼われている）馬のむれ/（饲养的）马群 |
| drove | 追い立てられて行く牛（羊）のむれ/被赶着走的牛（羊）群 |
| horde | 遊牧動物のむれ、遊牧民のむれ/游牧动物的群体，游牧民的群体 |
| host | 大軍、大勢の人/大军，很多人 |

日本语和外国语

| | |
|---|---|
| pack | 犬、狼のむれ／狗、狼的群体 |
| pride | ライオンのむれ／狮群 |
| school | 魚、鯨の群れ／鱼、鲸的群体 |
| shoal | 魚のむれ／鱼群 |
| swarm | 蜂（魚）などのむれ／蜂（鱼）等的群体 |
| pod | あざらし（鯨、小鳥）などの小さなむれ／海豹（鲸、小鸟）等的小群体 |
| bevy | 鶉などのむれ／鹌鹑等的群体 |
| covey | しゃこ（鳥）のむれ／鹧鸪（鸟）的群体 |
| gaggle | 鵞鳥などのむれ／鹅等的群体 |
| skein | 飛んでいる野鳥のむれ／飞翔着的野鸟的群体 |

あわ（気体＜空気＞を内部に取込んだ液体が、薄い球状の膜を作ること）／泡（液体因内部含有气体＜空气＞而形成的球状薄膜）

| | |
|---|---|
| foam | あわ（一般的）／泡（普通用法） |
| froth | あわ（ビールのあわ）／泡（啤酒的泡沫） |
| bubble | あわ（特にシャボン玉）／泡（特指肥皂泡） |
| scum | 汚い池などに浮くあわ、煮物の際のアク／漂浮在污秽池子等中的泡沫，煮食物时的浮沫 |
| lather | あわ（特にひげ剃りの際の石鹸のあわ）／泡（特指剃胡子时的肥皂泡） |
| spittle | 口から出るあわ、虫の吹くあわ／唾沫，虫子分泌出的泡沫 |
| suds | あわ立った石鹸水／起泡的肥皂水 |
| barm | 醗酵酒のあわ／发酵酒的泡沫 |

なみ（水面の動揺）／浪（水面的摇动）cf. つなみ＞tsunami（英语）

| | |
|---|---|
| wave | なみ／浪 |
| ripple | さざなみ／涟漪，细波 |
| surge | 大なみ／大浪，巨浪 |
| billow | 大なみ／大浪，巨浪 |
| surf | 寄せなみ、砕けなみ／拍岸浪涛，碎浪 |

| | | |
|---|---|---|
| breaker | 砕けなみ(特に岩や護岸に当って)/碎浪(特指撞上岩石或防波堤时形成的浪花) | |

かぜ(空気の移動)/风(空气的移动)

| | |
|---|---|
| wind | 風(一般的)/风(普通用法) |
| breeze | 気持ちのよい微風、そよかぜ/舒适的微风,轻风,清风 |
| gale | 強風、はやて/大风,疾风 |
| draught | 隙間風/贼风 |
| gust | さっと吹く風、突風/突然刮起的风,阵风 |
| blast | 突風/阵风 |
| waft | ふわっと吹く風の一ふき/轻轻拂过的一缕风 |
| whiff(le) | 柔かい風の一ふき/轻柔的一缕风 |
| puff | 一陣のがぜ/一阵风 |

2)动词

なく(生物が言語的な意味をもたない発声をする)/叫,喊,哭(生物发出不具有语言意义的声音)

| | |
|---|---|
| cry | 人や動物が大声でなく/人或动物大叫、大哭 |
| weep | 涙を流してなく/流泪,哭泣 |
| sob | すすりなく/呜咽,啜泣,抽噎 |
| blubber | 顔をゆがめて大声でなく/痛哭,大声哭 |
| whimper | 悲しげにとぎれとぎれになく/伤心地抽泣 |
| wail | 悲しげになく/悲伤地哭,恸哭 |
| moan | 苦しそうになく/呻吟 |
| bark | 犬がなく/狗叫,犬吠 |
| howl | 大声でわめくようになく/大声叫喊,嗥叫,嗥叫 |
| bay | 犬が遠ぼえしてなく/狗远吠 |
| roar | 大きな動物が低い声でなく/大型动物低声地叫,咆哮,吼叫 |
| yelp | 犬が鋭く短い声でなく/狗尖锐短促地叫 |
| yap | 仔犬がうるさくキャンキャンとなく/小狗没完没了地汪汪乱叫 |

| | | |
|---|---|---|
| whine | 犬などが鼻声でなく/狗等用鼻音叫,呜呜叫,哀鸣 | |
| low | 牛がなく/牛叫,哞哞叫 | |
| bellow | 牛が大声でなく/牛大声叫 | |
| moo | 牛がモーッとなく(幼児語)/牛哞哞叫(幼儿语),哞 | |
| neigh | 馬がなく/马叫,马嘶 | |
| whinny | 馬が嬉し気にいななく/马喜悦地嘶鸣 | |
| grunt | 豚がブーブーとなく/猪哼叫 | |
| squeak | 豚(ねずみ)がキューキューなく/猪(老鼠)吱吱叫,尖叫 | |
| squeal | 仔豚がキーキーなく/小猪吱吱叫,尖叫 | |
| bleat | 羊がなく/羊叫,咩咩叫 | |
| baa | 羊がメーとなく/羊咩咩叫,咩 | |
| bray | ロバがなく/驴叫 | |
| sing | 小鳥がなく/小鸟叫,鸟啼 | |
| chirp | 小鳥や虫がチーチーなく/小鸟或虫子啁啾,鸟鸣,虫鸣 | |
| twitter | 小鳥がチュクチュクとなく/小鸟叽叽喳喳叫,啁啾 | |
| warble | 小鳥がさえずる/小鸟鸣啭,啼鸣 | |
| caw | カラスがなく/乌鸦叫 | |
| crow | 雄鶏がときをつくる/雄鸡啼鸣 | |
| pipe | シギやチドリがなく/鹬或白鸽鸣叫,尖声啼鸣 | |
| cackle | 鶏がやかましくなく/鸡烦人地叫,咯咯叫 | |
| peep | ヒヨコがピーピーとなく/雏鸟啾啾叫,吱吱叫 | |
| quack | アヒルがなく/鸭子叫,嘎嘎叫 | |
| honk | 白鳥や雁がなく/天鹅或大雁叫 | |
| coo | 鳩がなく/鸽子叫,咕咕叫 | |
| hoot | ふくろうがなく/猫头鹰叫 | |
| screech | ふくろうやインコが鋭くなく/猫头鹰或鹦鹉尖声鸣叫 | |
| call | 動物が大声で叫ぶようになく/动物大声喊叫 | |
| whoop | 鶴がなく/鹤鸣 | |
| croak | 蛙がなく/蛙鸣,呱呱叫 | |
| toot | 山鳥や雷鳥がラッパのようになく/长尾雉或雷鸟发出像喇叭一样 | |

## 第五章　汉字不为人知的功能（2）——视觉性辨别要素的必要性

　　　　　　　　　的叫声，嘟嘟叫

mew（meow）　　　｝猫がなく/猫叫，喵
miau（miaol, miaow）

なる（無生物が音を出す）/ 响（非生物发出声音）

| | |
|---|---|
| ring | ベル、鐘などがなる/铃、钟等响 |
| sound | 音が出る/发出声音，响 |
| peal | 一連の鐘の音、雷鳴のゴロゴロ/一连串的钟声，打雷的轰鸣声 |
| toll | 鐘がゆっくりなる/钟声悠长 |
| blow | 管楽器をならす/吹响管乐器 |
| whistle | 汽笛などがなる/汽笛等响，鸣笛，鸣哨 |
| roll | 低く、重々しくなる/低沉地响，轰隆隆响 |
| rumble | ゴロゴロと響く/轰隆隆响，轰鸣 |
| clatter | カタカタとなる/咔嗒咔嗒响 |
| strike | 時計などが時刻をうつ/时钟等敲钟报时 |
| toot | ラッパ、警笛がブーブーなる/喇叭，警笛等嘟嘟地响 |
| hoot | 自動車の警笛がブーブーなる/汽车警笛嘟嘟地响 |
| clang | ガチャガチャとなる/叮当响 |
| creak | きしむようにキィキィなる/嘎吱嘎吱响 |
| boom | 大砲などが低くなる/大炮等低沉地响，轰响，轰鸣 |
| jingle | 鈴がなる/铃响，叮当响 |
| tinkle | 鈴がチリリンとなる/铃叮当响 |
| rustle | カサコソとなる/沙沙响 |
| bang | バーンとなる/砰地巨响，砰砰响 |
| pop | ポンとなる/砰砰响 |
| grate | 耳ざわりなきしり音でなる/发出刺耳的摩擦声 |

うつ（手または手にした何ものかを、何かに力強く当てる）/打（用手或手里的东西很重地撞击某物）

| | |
|---|---|
| beat | 連続してうつ/连续击打 |

| | |
|---|---|
| strike | なぐる、ぶつ/击打,碰撞 |
| hit | (何かを投げて)当てる、なぐる/(扔出某物)击中,打 |
| knock | こぶしでうつ/用拳头打 |
| pommel | こぶしで連続的にうつ/用拳头连续击打 |
| slug(slog) | 強くなぐってうつ/重击 |
| slap | 平手でうつ/掌击,掴 |
| smack | 平手でうつ/掌击,掴 |
| pound | (槌など)粉々にうちくだく/(用锤子等)敲打得粉碎 |
| hammer | (金槌でたたくように)繰返しうつ/(像用铁锤敲打一般)反复击打 |
| flog | (むち、棒などで)激しくうつ/(用鞭子、棒子等)激烈地打,鞭笞,棒打 |
| thrash | めったうちにうつ/乱打一通 |
| thresh | (脱穀のため)棒でうつ/用棒子打(使脱粒),打(稲子、麦子等) |
| punch | (罰として)棒や拳でうつ/(作为惩罚)用棒子、拳头打 |
| clobber | なぐり倒す/击倒 |
| forge | 鉄などを鍛えるためにうつ/为锻造铁器而击打,锻打,锻造 |
| drive | 釘(の頭)をうつ/敲钉子(头),钉钉子 |
| till | 田畑をうつ(たがやす)/耕地,犁地 |
| fire | 火器でうつ/用火器射击,开枪 |
| shoot | 的を狙ってうつ/瞄准目标射击 |
| smite | 敵をうつ/打击敌人 |
| whip | 鞭でうつ/鞭打 |
| scourge | 鞭でうつ/鞭打 |
| cosh | こん棒でうつ/棒打 |
| lash | 鞭などでうつ/用鞭子等抽打 |
| clap | 手をうつ、拍手する/拍手,鼓掌 |

3) 形容詞

はやい(動きについて)(単位時間内の動きが多い)/快的(形容动作)(单位时间内的动作多)

| | | |
|---|---|---|
| fast | はやい/快的 | |
| brisk | きびきびと動作がはやい/动作敏捷的 | |
| nimble | 軽快、軽妙にはやい/灵活的,轻快的 | |
| speedy | すばやい(ただし複合語)/迅速的(只用于修饰名词) | |
| quick | 生物の動きがはやい/生物的动作快的 | |
| swift | すばやい、流れるようにはやい/迅速的,像流水一般迅疾的 | |
| rapid | 非常にはやい(ただしラテン系)/非常快的(拉丁语系的词) | |

やわらかい(外力を加えると、たやすく変形する)/软的,柔软的(受到外力作用时很容易变形)

| | |
|---|---|
| soft | やわらかい/软的,柔软的 |
| gentle | (風など)やわらかい/(风等)柔和的,徐缓的,温柔的 |
| limp | ぐにゃぐにゃとやわらかい/软塌塌的,软绵绵的 |
| mild | (味など)やわらかい/(味道等)不浓的,淡的,轻微的 |
| tender | (肉、革など)やわらかい/(肉、皮革等)软的,柔软的,嫩的 |

よわい(力がない)/弱的,软弱的(没力气)

| | |
|---|---|
| weak | よわい/弱的,虚弱的,软弱的 |
| faint | 力なくよわい(色、光など)/无力的,虚弱的,微弱的(色、光等) |
| feeble | 活力なくよわい/没有活力的,衰弱的 |
| frail | (体が)よわよわしい/(身体)衰弱的,脆弱的 |
| light | (酒の味が)強くない/(酒的味道)不强烈,轻柔的,清淡的 |
| slender | ほっそりと弱い/纤细的,苗条的 |

## 表达的长度

有一点毋庸赘言:日语中具有抽象的语义构造的基础词语多,词汇总数少,而具有相反性质的英语,单词数量多,这一事实并不直接与语言表达的多样性和丰富性相关联。

日语里可以把两个动词组合起来,对基本动词的意义进行更具

体的修饰或变形，如"駆け・出す/开始跑，跑出去""見・つける/找出，发现""け・とばす/踢飞，踢开"等[13]。还可以像"ケラケラ（と）笑う/哈哈大笑""ピカピカ（と）光る/闪闪发光"这样，通过使用叠词型拟态词更加细致地表现基本动词的意思。此外，还有一种任何语言都会使用的方法，就是加上副词或副词性词句，如"きつく噛む/咬得很紧""繰返し何度も噛む/反复咀嚼"等，使表达尽可能具体、详细、严密。

因此，我们并不能仅仅根据基本词汇的总数，就立即对语言整体的表达的丰富性做出评价。但是有一点很重要：正如前面举的例子那样，使用一些手段来弥补基本动词的抽象性，必然导致表达变长。

形容词、名词也一样。比如说某个东西"かたい"，英语的 tough 表示"无论怎么敲打，怎么咬，怎么拉，都能够恢复原状的性质"，这一个词里面就包含了这些意思，换成日语的话，就必须进行详细的说明，所以描述同一件事情时表述自然会变长。光说一个"かわ"意思不明确时，就必须说成"木のかわ、竹のかわ"，而英语里只要说 bark、sheath，就能够把这些个别具体的意思表达出来。

从这个意义上来说，不难想象，如果仅仅使用日语固有词进行以严密细致地描述一切为目的的语言活动，比如学术、科学活动，那么所用的表述就会变得极为冗长。而在一定程度上弥补了这个弱点的就是汉字。

## 同训汉字的存在意义

汉字与我们前面看到的英语的情况相同，有很多意义内容很细致具体的词语。所以，仅用日语固有词描述就必须增加各种各样的修饰语的情况，如果使用恰当的汉字，则只需要一个词就可以了。

比如，可以训读为"そう、そえる"的普通汉字有"添、沿、副"三个。这些字都具有日语"そう"的意思，也就是都含有"有某个主要事

物",其附近存在附加性、附随性的其他事物"的语义要素,所以都可以读作"そう"。但是,这三个汉字还各自含有不同的意义,表示"主要事物"与"附加性地存在的其他事物"的关系的具体差异。整体比较一下"添削""添付""添乗""添加"之类的汉字词与"沿線""沿海""沿岸""沿道"等词,以及"副官""副業""副木""副食""副詞"等,我们就能够清楚地看出这一点。

"添"的感觉是在某个主要事物上附加少量其他事物(おまけ)。"沿"的感觉则是某个东西平面性地、时间性地跟随着另一个事物前进,如同"描摹(なぞる)"一般。而"副"则表示某个东西在空间上与主要事物并列,发挥附加性的支撑(支える)作用。

这么看来,"添""沿""副"这三个字,从日语的角度来说,就像是药丸一般,把复杂的意义、微妙的区别凝缩为一个短短的单音节词(不过日语音读是两个音节)。同时,帮助我们把这些小小的固体药丸(词语)放到水里泡开的就是训读"そう"。

为了能在遇到具体用例的时候,比如看到"副木/夹板""添乗員/陪团导游""沿線住民/沿线居民"等词语时,直观地知道每个汉字的复合性意义,我们就有必要保持在日常的书写中按照具体情况区别使用不同的汉字来书写"そう"的习惯。

如果总是仅用假名来书写"そう",那就意味着我们放弃了"沿""添""副"的训读,那么这三个汉字就会失去在日语中的共同点,而成为相互无关的外来要素,那么我们就只能把它们作为高级词汇来重新学习了。结果将会怎样呢?我在前面关于英语高级词汇的部分已经说过了。

常常听到有人讨论,为什么"とる"这一日语固有词除了"取"的写法外,还需要"採""摂""捕""把""盗"等同训汉字。我想强调的是,在这种现象的背后存在着既定条件,那就是日语这种语言所具有的严格的语音(音素、音节)制约和抽象的语义构造。

## 三 日语利用视觉要素的必然性和优势

### 如果没有汉字知识……

通过前面的说明,我想大家可以理解:现代日语的语音构造存在严格限制,并且基本词汇的意义大多很抽象,因此为了进行具体、高效的语言交流,就必须依靠汉字这种视觉性文字符号所具有的高度辨识性。

结果就是日语形成了几个明显的特征。这些特征是文字体系原则上仅表音的欧美各种语言所不具备的。

第一个特征就是:如果没有汉字知识,不知道日语里某个语音形态(即单词)是用什么样的汉字去书写的,就会经常发生一些麻烦的事情,比如理解不了对方的意思,或者错误地理解为完全不同的其他词语。

当然,我这里所说的拥有汉字知识,并没有那么严格,不是指必须正确地记住汉字的一笔一画。我要说的是,在我们听到某一词语的时候,如果大脑里浮现不出对应的汉字的轮廓或者大致印象,那是不行的。

换个说法,现在的日语已经成为这样一种语言:如果不考虑文字书写,仅仅凭借语音的话,无法独立存在[14]。

我在很多地方多次提到过:日语是需要语音和影像这两种不同性质的表达手段的电视型语言,与之相比,西欧各种语言是几乎把所有必要的信息都寄托于语音的广播型语言。这一比喻说的就是上述事实[15]。

至于这种情况对语言来说是好事还是坏事,我在这里先不做价值判断。让我们先来详细地了解一下实际情况。

## 耳朵和眼睛能力的差别

有一个很有名的故事。在英国，当蒸汽公共汽车开始发出轰隆声驶上街头的时候，原本没有竞争对手的公共马车被置于生死攸关的危机之中。马车工会的成员担心自己会失业，便向政府施加压力。他们提出：汽车虽然跑得快，但是不能够立即停车（刹车装置还不完善），是极为危险的交通工具，所以应该有人手持红旗跑在汽车前面，告诉人们车要来了。于是政府制定了条例，在长达30年的时间里，一直有持旗人在汽车前面奔跑，导致汽车无法充分发挥自身优秀的功能[16]。

可以说，仅仅使用所谓表音文字（字母或假名等）来书写口头语言，就好比是让一个人跑在本来可以跑得很快的汽车前面，抑制了汽车的潜在能力，使它与人的速度相等。可以说这是一种浪费，令人感到可惜。

为什么这么说呢？因为所谓语音，是听觉使用的符号素材，自然会被人的耳朵所具备的辨别（识别）能力所左右。而耳朵与眼睛相比，性能要差得多，很难区别一些细微的信息差异。

现实世界的声音（语音）可以说具有无穷无尽的变化，但是实际用于区分的有意义的语言单位，耳朵能够识别的数量不到一百个。这个事实体现在，目前人们所知的语言中使用的有意义的语音单位，即音素（音韵）的数量，最多是七十多个，最少大约只有13个。日语音素的数量前面已经说过，只有23个，比英语、德语、法语等要少得多。

然而人的眼睛的信息处理能力是耳朵的一千倍，甚至有人说还要高[17]。眼睛可以把颜色、形状、大小、动作、距离等各种不同性质的刺激材料综合起来作为信息源使用，所以才会产生这么大的差距。

## 电视型语言

既然所谓文字是写在纸上的一种图形,那么它就是一种视觉信息,由眼睛这种具有高度信息处理能力的感觉器官负责处理。

然而表音文字,即使是在发挥出理想功能的情况下,从原理上来说,除了那些能通过语音加以区别的信息,无法表示更多的信息,所以才会被称为表音文字。

也就是说,阅读用表音文字书写的语言,就是把耳朵识别范围内的信息转换成视觉信息来阅读。换句话说,就是在阅读语音。

因此,虽然我们使用了识别能力远远超过耳朵的眼睛这一器官,却闲置了其大部分功能。这就相当于让一辆时速可以达到150千米的汽车以每小时30千米的低速慢吞吞地跑,正像有人举着旗子在汽车前面跑。

不过,如果一种语言具有优秀的语音构造,仅以语音的组合就能够高效地传递信息,那么即使使用仅表示语音,无其他附加信息的表音文字,也没有什么损失,或者说也不会让人觉得可惜。

但是,就像前面说的那样,日语是一种在语音方面和语义构造方面都受到制约的语言,从某种意义上来说,是一种天生就不具备优异性质的语言。正因为如此,在使用文字的时候,如果只使用囿于语音辨别能力的表音文字,那么语言整体的表达效率就会被抑制在相当低的水平。

可是,文字本来就是为了比耳朵能力更优秀的眼睛而存在的,所以在日语里语音做不到的事情就必须由文字来分担。日语之所以要使用那些靠耳朵区别不了,但一加上文字信息意思立即就变得明确的词语或表达,其必然性就在于此。也就是说日语只能成为电视型语言。

## 同音冲突的原理

这样看的话，日语的第二个特征也就容易理解了。那就是在意义相同的语境中会出现很多同音词，这通常被认为是一种麻烦。关于这一点，我在以往发表的论文和著作中已经详细谈过了，所以这里只讲一下极为简单的结论[18]。

一般说来，在欧美语言里，音形相同而且意义相似，容易引起混淆的词语是不允许共存的。这是一位名叫儒勒·吉列龙（Jules Gilliéron）的法国语言地理学家早在近100年前发现的"同音冲突的原理"。

毋庸赘言，即使形态完全相同，如果两者的意义完全不同（没有关系），就不会发生同音冲突。比如说英语里有 bat 这样一个语音形态，是由表示"蝙蝠"和表示"棍棒、球棒"的两个词语所共有的。这两个词为什么能共存呢？因为只要不是在非常刻意地搞怪的语境中，这两个词在日常的语言生活中是不会相互混淆并引起混乱的。

然而，如果两个此前形态完全不同的词语，出于某种原因拥有了完全相同的语音形态，而且两者意义相似，有可能导致混淆，那么这时肯定会有一方自然而然地不再被使用而消失。

比如古代英语中有一个词叫 lettan，意思是"妨碍、阻挠他人做某事"，同时还有一个动词 lætan 表示完全相反的意思，即"让人做某事"。可以看到，这两个词形态和意义都不同，因此没有引发任何问题。

可是到了近代，英语的语音构造发生了很大的变化，这两个词都变成了 let，形态完全相同。这么一来，有的时候就会分不清究竟是要别人做某事，还是阻挠他不让他做。为了避免这种混乱，表示"妨碍"的意思的 let 不知不觉间就不再用了。

总而言之，形态相同、意义上又有可能引起混淆的两个词，在同一种语言中不能共存，必然会有一方消失，这就是同音冲突的原理。

### 同音词和汉字

然而,日语是完全违背这一原理的语言,我最先指出了这一事实[19]。日语里两个词语音形态相同且意义相近,可能导致混淆,或者事实上也常常发生混淆的情况是很常见的。甚至于三四个同音词适用于基本相同的语境,但意义又有微妙的差异的情况也很多(如"製靴会社""青果会社""製菓会社"等)。

这种情况看上去似乎很不可思议。但是如果我们知道日语并不是只靠语音的区别来交流沟通的广播型语言,而是同时使用语音和文字这一视觉信息来交流沟通的电视型语言,就能够解释了。

也就是说,在日语里语音通常只是必要信息的一部分,加上文字信息(或者对文字信息的记忆)才能够构成完整的表达。所以说,对汉字词汇,尤其是日常不大使用的高级词汇而言,文字是不可或缺的。

迄今为止有好几位著名的欧美语言学家,甚至专门从事语言学、国语学研究的日本人都认为:同音异义的汉字以及由此组成的同音词大量地存在于日语中是一种累赘,或者说是一桩令人头痛的事情,这有悖于人类语言及其文字结构的普遍性,应当被否定、废除。他们有这种看法,只能说是因为他们忽视了日语与欧美语言之间的巨大差异。

日本人并非自愿选择了这种需要依靠视觉信息的、麻烦的且并非完全没有缺点的表达方式。日本人只是为了克服自身语言与生俱来的严苛的制约条件,才选择了汉字这一手段。从这个意义上来说,古代日本有中国这个邻国,为我们提供了汉字这一视觉文字,应该说这是一种值得庆幸的偶然。

### 日语中的汉字

这样去思考的话,我们就能够理解很多问题:为什么日本人将汉字的音训双重读法发展到了极致，而在其他的汉字国家却看不到这种情况？日语中有许多从古代汉语的立场来看很奇怪的汉字的使用方法，有些是错误的，有些甚至严重歪曲了原用法，这又是为什么？

日本人在接受汉字文化的一千多年的历史中，从日本人的立场出发，朝着使日语更便于使用，弥补日语弱点的方向，使汉字发生了脱胎换骨的改变。

结果就是：日本人从数量庞大的汉字中，从拥有长达数千年历史以及诸多方言差异的汉字群中，挑选出适合自己的汉字，改造它，使之变得更易于使用，仍不能满足需求的时候甚至制作国字①来弥补，最终使汉字成为日语独特的语言素材。

这也正是我常常提出以下主张的理由之所在：我们在思考日语中的汉字问题时，最好把汉字起源于古代中国这件事忘掉，也不要在意现代中国人如何使用汉字，中国是否会废除汉字，我们只需要全心全意地考虑为什么在日语这种语言中汉字是必需的，我们要怎样做才能够有效、合理地使用汉字等问题，也就是说我们应该采取以日语为本位的功能性观点去考虑汉字问题。

因此，我觉得，在以改良日语文字结构为宗旨的国语审议会中居然有研究古代中国汉字的专家，这实在是一件很奇怪的事情。这就好比英美两国成立了一个旨在确立正字法的委员会，而其中有一些拉丁语或希腊语的专家，在会上提出一些有关古希腊如何如何书写的意见。这种情况我们能够想象吗？

不过，一个现实的问题是，我们不能否认日本文化中有汉文学的深远传统，而汉字也是越追溯到古代越难以区分中日差异，呈现出一种胶着状态。而且，日语里的汉字的使用方法也并非都是值得肯定的。只不过，我觉得我们现在应该换个思路，以日语为出发点，从日语的表达效率的角度来重新审视迄今为止错综复杂且历时长久的汉字之争。

---

① 译注：和制汉字。

### 国际化时代

而且,还有一点很重要:欧美语言学,特别是文字学,是以欧洲语言为研究对象发展起来的,我们不能不加思考地、囫囵吞枣地将其拿来分析日语的问题。欧洲的语言、美国的文化并不具有普遍性,一个能够把欧洲、日本乃至所有国家的语言和文化都妥善地包罗进去,让它们得到合理安置的学术性框架,才称得上具有人类共性(universal)。现在到了我们日本人认真考虑这个问题的时代。

在我们所置身的这个国际化时代,比起思考日本该如何应对外部既定的世界,我们更应该积极努力地从自己的立场、日本人的立场去重新审视并整理这个世界。

## 四 对片假名外来语的评价

### 外来语的泛滥

最近用片假名书写的外来语急剧增加,只能用"势不可挡"来形容。翻开报纸,打开电视,商品名目和广告自不用说,就是在报道文章和解说词里,也会蹦出来各种各样的片假名新词。

这些外来语中的大部分显然是源于英语。也有许多人指出,起源于法语的词语也不少。时而还能看到德语、西班牙语、意大利语等。令人惊讶的是,现在连拉丁语、希腊语也开始登场了。

这种片假名外来语的泛滥,在那些持肯定态度的人看来,是丰富了日本人的语言生活,真可谓百花齐放。而对于那些重视日语的纯粹性的人来说,那就只能说是百鬼夜行了。

事实上,外来语问题的涉及面之广令人吃惊,想要认真地进行讨论的话将会是一件十分吃力的事情。因为篇幅有限,我在这里仅从日

第五章 汉字不为人知的功能（2）——视觉性辨别要素的必要性

语的表达效率的角度来考虑这个问题。

## 花草的名称和形象

随着日本社会变得富饶，我们的生活和时间也变得宽裕，以前无法想象的各种商店装点着街道，其中一种就是花店和园艺店。我是一个非常喜欢植物的人，看到店门前摆放着的一盆盆绚丽多彩的花草，就会忍不住走进去看看。

店里摆满了美丽的花儿、珍奇的植物，可是有一样东西给我欣赏花草的乐趣泼了冷水，那就是花草的名称。现如今，说得夸张一点，要想找到一个日语名称真是费劲，花儿的名称、植物的名称都变成了外来语片假名。请各位看看表11吧。

**表11　用片假名书写的植物名称**

〇アイリス/鸢尾　　アキメネス/长筒花　　アンスリューム/花烛　　アジアンタム/掌叶铁线蕨　　アザレア/杜鹃　　アスチルベ/落新妇　　アジュガ/筋骨草　　アガパンサス/百子莲　　アルメリア/海石竹　　アリアム/葱属植物　　アラム/疆南星　　アマリリス/孤挺花

〇イキシア/谷鸢尾　　インパチェンス(インパチ)/凤仙花　　イースターカクタス/假昙花

〇ウルシニア/熊菊　　ヴィオラ/堇菜　　ヴェロニカ/婆婆纳

〇エリスロニウム/猪牙花　　エリカ/欧石南　　エーデルワイス/高山火绒草　　エキザカム/藻百年

〇オレアンダー/夹竹桃　　オンシジューム/文心兰　　オーニソガラム/虎眼万年青

〇カトレア/卡特兰　　カランセ/虾脊兰　　カランコエ/伽蓝菜　　ガーディニア/栀子　　カンパニュラ/风铃草　　カラジューム/五彩芋　　カルセオラリア/荷包花　　ガザニア/勋章菊　　ガーベラ/非洲菊　　カルミヤ/山月桂　　カメリヤ/山茶

- キルタンサス/曲管花　　キューイ/猕猴桃
- クリナム/文殊兰　　グロキシニア/大岩桐　　クレマチス/铁线莲　　グズマニア/星花凤梨　　グラジオラス/唐菖蒲　　クリサンセマム(マム)/菊属植物(盆栽菊花)
- ゲイソリザ/酒杯花
- コルチカム/秋水仙　　ゴデチア/古代稀　　コスモス/大波斯菊　　コニファー/针叶树　　コリウス/五彩苏、锦紫苏　　コノフィツム/肉锥花
- サンスベリア/虎尾兰　　サルビア/鼠尾草　　サポナリア/肥皂草
- シンビジューム(シンビ)/兰花　　シザンサス/蛾蝶花　　シネラリア(サイネリア)/瓜叶菊　　シェフレラ/南鹅掌柴　　シラー/蓝瑰花
- スカビオサ/日本蓝盆花　　スパシフィラム/白鹤芋　　ストレリチア/鹤望兰　　ストケシア/琉璃菊　　ストック/紫罗兰　　スターチス/补血草　　ストレプトカーパス/海角苣苔　　スナップドラゴン/金鱼草　　スイートピー/香豌豆
- セントポーリア/非洲堇　　セロジネ/贝母兰　　ゼラニューム/天竺葵
- ソフロニチス/贞兰
- ダリヤ/大丽花　　ダフネ/瑞香　　ダイアンサス/石竹　　ダツラ/曼陀罗　　タマリスク/柽柳
- チオノドクサ/雪光花　　チューリップ/郁金香
- デンドロビウム(デンドロ)/石斛　　デンドロビウム・ファレノプシス(デンファレ)/蝴蝶石斛　　デモルフォセカ/异果菊　　デルフィニューム/翠雀、飞燕草
- トレニア/蝴蝶草　　トリトマ/火把莲　　ドデカテオン/流星报春
- ナスタチューム/旱金莲　　ナルシサス/水仙
- ニーレンベルギア/赛亚麻　　ニゲラ/黑种草
- ネリネ/纳丽花
- ハイドランジャ/绣球花　　パフィオペディラム/兜兰　　パンジー/大花三色堇　　バンダ/万带兰　　バジリコ/罗勒
- ピラカンサ/火棘　　ヒヤシンス/风信子
- フロックス/福禄考　　ファレノプシス/蝴蝶兰　　プリムラ/报春花

第五章 汉字不为人知的功能(2)——视觉性辨别要素的必要性

　　フェイジョア/菲油果　　フリージア/香雪兰　　ブバルディア/寒丁子
○ヘマンサス/虎耳兰　　ヘメロカリス/萱草　　ペチュニア/矮牵牛　　ペペロミア/草胡椒　　ペラルゴニューム/天竺葵
○ポインセチア/一品红　　ポピー/罂粟　　ポットマム/盆栽菊花　　ポトス/绿萝　　ポーチュラカ/马齿苋　　ポリガラ/远志
○マトリカリア/母菊　　マツリカ/茉莉花　　マグノリア/北美木兰
○ミルトニア/丽堇兰　　ミモザ/含羞草；银荆　　ミケルマスデージー/荷兰菊
○ムスカリ/蓝壶花
○モスフロックス/丛生福禄考、芝樱、针叶天蓝绣球　　モントブレッチア/雄黄兰
○ユッカ/丝兰　　ユーカリ/桉树
○ラナンキュラス/毛茛　　ランタナ/马缨丹　　ラベンダー/薰衣草　　ラケナリア/纳金花
○リナム/亚麻　　リクニス/剪秋罗　　リトープス/生石花　　リコリス/石蒜、彼岸花　　リナリア/柳穿鱼　　リシアンサス/洋桔梗
○ルピナス/羽扇豆　　ルドベキア/金光菊
○ロベリア/半边莲　　ローダンセ/鳞托菊

　　看到这些片假名的植物名称，大致能知道是什么花儿、什么草儿的人，可以说是有相当水准的园艺专家。而有点喜欢园艺、喜欢在院子里捣鼓的普通人，能知道其中一二成就很不错了。
　　这并不是一个知识测验。问题不在于大家的知识量，而在于初次看到这些名称时，有多少能够在你脑海中浮现出具体的花草形象。

**沟通的障碍**

　　看到"アジアンタム、オーニソガラム、ラナンキュラス"等片假名词语，马上就能理解这些词语的意义(不是实物)的人，我觉得在日

本是没有的[20]。因此,脑海里就不可能有任何形象浮现出来。也就是说,这些词语不过是一种纯粹的符号而已,只能将其原原本本地记住。可是这种情况,对于喜欢花草的人来说就是一个大问题。

如果是"コスモス/大波斯菊""ヒヤシンス/风信子""チューリップ/郁金香"之类广为人知,如今已经日语化了的词那还好说。可是如果买的是一盆"オーニソガラム/虎眼万年青",就经常有人回到家就已经把名字忘记了,只得给店里打电话再次询问名称。也会有人因为不知道"カランセ/虾脊兰"和"カランコエ/伽蓝菜"的区别而犯愁。

一般说来,一个新事物的名称,或者很少使用的事物的名称,如果其中含有某种线索,能够提示所指事物的性质、形状、用途或与类似事物的关系,则更便于记忆和使用,这一点在关于高级词汇的说明中已经谈过了。

偶尔有一两个奇怪的名称还能对付得了,可是一旦像前面那样冒出来一大堆片假名词语,那么对于近年来支撑着园艺热的老年人来说,记不住重要的花草名称就成了一个很大的烦恼。至少我们不得不说,在这个领域,片假名外来语显然已经造成了沟通的障碍。

## 日语的植物名称

接下来我将列举一部分用固有日语命名的花草名称,请大家看一看。其中包括两种名称,一种是自古就有的名称,另一种是针对明治时代以来从外国引进的植物,由学者或园艺家斟酌命名的名称。照例是想到什么写什么,没有顺序。

孔雀羊歯/掌叶铁线蕨　　胡蝶蘭/蝴蝶兰　　蝦根/虾脊兰
松葉菊/美丽日中花、松叶菊、龙须海棠　　鯛釣草/荷包牡丹
日々草/长春花　　千日紅/千日红　　金魚草/金鱼草
朝顔/牵牛　　昼顔/打碗花　　夕顔/瓠子(花)　　金盃草/鹅掌草

第五章　汉字不为人知的功能(2)——视觉性辨别要素的必要性

翁草(おきな)/朝鲜白头翁　　飛燕草(ひえん)/飞燕草　　風車(かざぐるま)/转子莲

鉄線/铁线莲　　風鈴草(ふうりん)/风铃草　　百日草/百日菊、百日草

宵待草(よいまち)/待宵草、月见草　　春蘭/春兰、草兰　　ひまわり/向日葵

ねじばな/绶草、盘龙参　　おだまき/楼斗菜　　猩々草(しょうじょう)/猩猩草

雪割草/粉报春；獐耳细辛　　水引き/金线草

釣鐘草/风铃草、吊钟草　　矢車草(菊)/矢车菊

風知草(ふうち)(うらはぐさ)/箱根草　　はないかだ/青荚叶

ぎぼうしゅ/玉簪　　錨草(いかり)/淫羊藿　　あかね/东南茜草

むらさき/紫草　　九輪草/日本报春

九階草(くがい)/草本威灵仙、轮叶婆婆纳　　せんぶり/日本獐牙菜

げんのしょうこ/中日老鹳草　　車ゆり/浙江百合

鉄砲ゆり/麝香百合　　鬼ゆり/卷丹　　こ鬼ゆり/柠檬色百合

黒ゆり/黑百合　　乙女ゆり/红花百合　　すかしゆり/透百合

なるこゆり/镰叶黄精　　桜草/樱草　　ひがんばな/石蒜、彼岸花

釣舟草/野凤仙花　　くちなし/栀子　　采配蘭(さいはい)/杜鹃兰

おじぎ草/含羞草　　芝桜/丛生福禄考、芝樱、针叶天蓝绣球

釣鐘人参/轮叶沙参

　　读者之中估计有很多人并不特别关注花儿或其他植物。但是，看到上面列举的植物名称，应该有不少能够从名称联想到形状、颜色或者性质吧。

　　至少当你看到实物，同时有人向你解释这种蕨类植物被称为"孔雀しだ/掌叶铁线蕨(孔雀蕨)"是因为"叶子很像孔雀开屏"，你肯定再也不会忘记它的名称。但如果有人告诉你这叫"アジアンタム"，那么想要一直记住它是很困难的。

　　如果有人送你"えびね/虾脊兰"这种兰花，告诉你"这种兰花的根很像虾的形状哦"，我想一定会给你留下很深刻的印象。但如果说那是"カランセ"，又会怎样呢？

当然，日语里面也有"サクラ/樱""マツ/松""スギ/杉""ツバキ/山茶"以及"ススキ/芒草""ユリ/百合""キキョウ/桔梗""オミナエシ/败酱、黄花龙牙"之类的植物名称，怎么想都想不出它们与实物的关联。但这些都是基本词汇，在日常生活中不知不觉地就记住了。但是，稍微有些奇怪的、不常见的草木的名称，可以说必然在某些方面体现了该名称的意义、来源，方便人们理解和记忆。

其中有一种草，据说煎水喝有疗效，人们照着做果然病立刻就好了，确实是"现の证拠/眼前的证据"，所以被叫作"げんのしょうこ/中日老鹳草"。这差不多只能说是文字游戏，但是肯定比它的学名"ゲラニューム"好记。

## 为什么是"デルフィニューム"?

"飛燕草/飞燕草"这个名称，是学名为"デルフィニューム"的西洋品种的花引进到日本的时候，当时的园艺家发挥聪明才智想出来的。看到这种花，真的感觉像燕子在穿梭飞舞一般，不由得感叹这个名称真是杰作。我无法理解为什么要放弃这样一个美丽的名称而改用它原来的名称"デルフィニューム"。前面列举的那些片假名词语之中，有很多是把前人辛苦想出来的名称改回了它们的原名称。

究竟为什么现在的日本人要把本来就有的美丽且容易理解、记忆的日语名称都改换成莫名其妙的片假名外来语呢？

片假名词语多到给实际生活和工作带来困难，这样的现象不仅限于园艺领域，也出现在更加贴近生活的社会活动中。

## 厚生大臣的惊讶

平成元年（1989年）7月11日《读卖新闻》的日刊以竖排的"わかりますか？ターミナルケア、ノーマライゼーション/你懂吗？临终照

料、标准化"为题,旁边加上"福祉・医療行政に横文字用語横行/福祉、医疗行政领域泛滥的外来语"的副标题,做了以下报道:"因小泉厚生大臣的一句话'能否对福祉、医疗行政领域泛滥的外来语采取一些办法',厚生省于10日成立了'用语标准化委员会'"。

就任以来,小泉大臣看到预算书、业务概述中外来语层出不穷,大为吃惊,他表示这样的话,老年人以及福祉工作相关人员根本就不知道说的是什么,于是做出指示,要造出易懂的用语。

受到大臣谴责的用语据说是"ターミナルケア/临终照料""デイサービス/日间护理""ショートステイ/短期入住""ノーマライゼーション/标准化""ホームヘルパー/家庭护理员"这5个。根据后来的报道,"ナースバンク/退职护士再就业介绍所、护士库""ケアハウス/老人之家、带护理住宅""ウェルエイジングコミュニティー/老年友好型社区"等用语也受到了指责。另外据说厚生省还在讨论把在国会答辩书中也出现过的"ニーズ"改为"需要、国民の求め、要望/需求、国民的要求、希望",把"コンセプト"改为"概念、基本的な考え方/概念、基本的思考方式"。

关于这场厚生省发起的片假名用语驱逐运动,后来各家报纸的投稿栏都收到了老年人的大量投稿,他们表示"非常赞成""希望能好好地做下去"。但另一方面,也有人怀疑这件事能在多大程度上取得成功。

## 从当用汉字到常用汉字

我觉得最有趣的是,终于忍受不了政府机关对片假名词语的过度使用而站出来抵制这一现象的是厚生大臣,而不是主管国语教育的文部大臣[①],甚至也不是迄今为止几乎以处理用语用字问题为唯

---

① 译注:日本文部省于2001年6月与科学技术厅合并为"文部科学省"。

一工作的文化厅国语审议会。这真是相当讽刺。

但是仔细想想，这件事从某种意义上来说也并不奇怪。为什么呢？因为从第二次世界大战结束的昭和二十年（1945年）直到最近，文部省和国语审议会一贯采取的国语政策就是尽量不要使用汉字。而且在"二战"后初期他们还曾经支持这样一种方针：废除汉字和假名，有朝一日日语要用人人都能轻松记住且国际通用性高的罗马字来书写。

战败后的社会混乱时期，根据战胜国美国派来的教育使节团的劝告（说是劝告，对于当时处于被占领状态的日本来说，就等同于不可拒绝的命令），日本急匆匆地发布了以废除汉字为终极目标的《当用汉字表》。直到我也作为委员之一参加的第11届国语审议会（昭和四十七年—昭和四十九年，1972年—1974年）时期，才终于启动了重新审视《当用汉字表》的工作，并对存在诸多矛盾的假名使用规则等重新进行讨论。

但是限制汉字使用的政策已经实施了四分之一个世纪，"汉字是不理想的、效率低下的文字体系"，在这种否定汉字的观念下接受教育成长起来的日本人越来越多。新制度已经在社会中基本落实，虽然把《当用汉字表》改为《常用汉字表》并重新予以评价，但全体日本人对汉字的冷淡态度并没有轻易地改变。

国语审议会第13届总会于昭和五十四年（1979年）3月通过了《常用汉字表》。《当用汉字表》规定了全面取缔汉字前的过渡期应当使用的汉字，而《常用汉字表》有其新定位，即国民生活中使用汉字的"大致基准"，故把"当用"改为"常用"。

这展示了一种积极的姿态，即今后只要日语还存在，汉字就始终（常に）是与之同行的文字。但是，即使是现在，在中小学教育第一线，这个思想也未能充分普及。而且，在那之后，也几乎没有证据表明包括报纸在内的大部分媒体认真对待了这一对汉字的态度的划时代转变。

第五章　汉字不为人知的功能（2）——视觉性辨别要素的必要性

我并不打算，也没有做好准备在这里深入讨论"二战"后的汉字问题。但是，我建议关心这方面问题的诸位一定要读一下《国语问题论争史》。这本书是文艺评论家福田恒存先生写的，对于从整体上来说建立在浅薄和无知之上的汉字坏蛋论，福田先生始终未曾停止过猛烈的抨击[21]。

另外，"二战"后汉字排斥运动的幕后操纵者——美国教育使节团强烈鼓动日本人尽快使用罗马字的报告书，现在很容易买到日语译本，也建议大家去看看[22]。

## 能读就能懂吗？

前面我之所以说，对于片假名外来语的泛滥，文部省和国语审议会都没有发声是很自然的事情，正是因为我知道上述漫长的历史原委。

明治时代以来的假名文字论者、罗马字论者以及"二战"后的汉字废除论者们的一个共同的错误是：他们简单地认为只要能读出文字就能够理解语言。因此他们主张，与其大量使用那些要花费时间学习的汉字，不如使用罗马字、假名之类总数非常少的表音文字。

但是，他们谁都没有提到这样一个事实：英语如今仅仅使用26个字母，按说没有一个词语是普通人读不出来的，可是正如我在前一章里说的，能一个字母一个字母地拼读出单词，与能理解这个词的意义，两者之间存在着很大的距离。

这一点也完全适用于现在充斥日语的片假名外来语。"デルフィニューム/飞燕草"也好，"ウェルエイジングコミュニティー/老年友好型社区"也好，若论能否读出来，那谁都能读。而"孔雀""錨草""翁草"等词，我估计现在的年轻人很多都读不出来。说不定现在街上走着的那些青年男女中，有人连"福祉""医療"这样简单的词语都不一定能读对。但如果把这些词写成"フクシ""イリョウ"，肯定不会有人读不出来。

## 片假名词语泛滥的土壤

早期的国语审议会和文部省当局,很多人的想法就像上述那样简单,所以不难理解为什么他们在制定并实施以限制汉字为目的的《当用汉字表》和音训表的时候,并没有同时规诫人们不要随意地把外语写成片假名词来使用,也没有采取相应的防范措施。

总之他们认为只要削减汉字,一切问题就能迎刃而解。(确实,无论怎么努力都无法完全解决的送假名问题,如果彻底停止使用汉字,那一下子就解决了。)

这种思想实际上成了后来片假名词语泛滥的土壤和间接原因。总而言之,既然只要用假名写日语就不会受到指责,那么不仅是历来用汉字写的"今日""お父さん"写成"きょう""おとうさん"没问题,就是把"概念""需要"写成"コンセプト""ニーズ"也不会受到斥责,或者不如说因为这样写能够减少难写的汉字,所以反而很受欢迎。

## 英语教育的普及

在片假名词语泛滥这个问题上,"二战"后在全体国民中普及英语教育这件事也起到了一定的作用。以前只有少部分人能上中学和女子学校,而"二战"后变成了义务教育。英语成为事实上的必修课已经40年了,如今,如果是一些简单的概念或事物的名称,很少有人不知道用英语怎么说。

这么一来,相比把英语的 concept 翻译成"概念"并确认其意义,还要记住"很难的"汉字,不如直接把它写成"コンセプト",那样省事多了。而且这种办法还有一个好处,就是让人家搞不清楚你是否真的懂得这个词的英语原词(同时自己也可以不必搞清楚)。

常常有人说日本人现在常用的大部分片假名英语词都不是原来的英语的意义,是被日本式"曲解"的英语。这种批评其实搞错了方向。

为什么这么说呢？比如日本人说的"ニーズ"，其实不是英语 needs 的译词，而应该看作是"需要、要求、希望"这几个汉字词的总括性的代用品。明白了这一层道理，那么片假名外来语的意义的日本化不如说是理所当然的，也正因为如此，片假名英语词才会出现真正的英语中不存在的意义和使用方法。日本人在使用大多数片假名外来语时，并不会去关注背后的英语或法语单词，而只是把意义相同（日本人心里隐隐这样认为）的汉字词改换成容易读出来的假名这种表音文字而已。

我常常说，汉字（词）是苦口良药，而片假名外来语是包裹着香甜糖衣的毒药。我这是在打比方，意思是用假名书写的词语因为人人都会读，所以看似容易，但实际上几乎没有人能（正确地）理解其意义，因此成了国民之间相互交流的障碍。

## 限制汉字的目的和结果

回过头来看，"二战"后大刀阔斧的国语国字改革所标榜的终极目的，就是把日语改造成人人都能理解的民主语言。限制汉字被认为是符合这一目的的一个重要支柱。如今已经废除了部分汉字，汉字的地位及其在日语中的价值也成功地被贬低。从这个意义上来说，"二战"后的文字改革看似已经达到了目的。

但是，把日语改造成人人都能轻松使用的开放性语言这个终极目的，现在却引发了很多人都无法理解的片假名外来语泛滥这一意料之外的事态。从这个意义上来看，很难说达到了目的。

打个简单的比方，这是从一开始就认定导致日语难懂的罪魁祸首是汉字，却不知道作为表音文字的假名（罗马字）对日语来说有多可怕，也就是一厢情愿地认为小偷只会从大门进来，于是只知道紧守大门，却忘记了关闭后门。

## 缩略现象导致的符号化

片假名外来语太多会导致日语的表达效率下降，我之所以这么认为还有好几个理由，但展开讲会占用很多篇幅，我这里再讲最重要的一点。那就是大多数片假名外来语一旦开始广泛使用，马上就会很自然地出现缩略现象。这样一来词形就会变得短小，变成不知其原形的单纯的符号。

植物的名称就是这样，"デンドロビウム/石斛"现在普遍说成"デンドロ"，"インパチェンス/凤仙花"变成"インパチ"，"シンビジューム/兰花"变成"シンビ"。这么一来，无论怎样想都联想不到原来的名称，完全成了一个符号。

医疗方面也是同样，"リハビリテーション/康复训练"不知什么时候省略成了"リハビリ"，最近甚至缩成了"リハ"。"あの人はリハ中です/那个人正在进行康复训练"，这么一句话对于外行人来说完全不知所云。

就像这样，从事特定职业的人们之间使用的片假名词语很容易变短。去电视行业的工作现场，会听到"カメリハ"这样的词语，指的是"カメラ・リハーサル/试拍"，也就是正式拍摄之前开着摄像机彩排一遍的意思。

同一个"リハ"，在不同的职场，可能是"リハビリテーション/康复训练"，也可能是"リハーサル/彩排"。如此这般，用假名书写的外来语开始具有造词能力，不断地创造出新的组合，导致同音异义的造词要素随之不断增多。表12的"コン"目前最为引人注目。

## 表12 包含"コン"的片假名词语的例子

| 省略形式 | "コン"的真实意义 | 原形 |
|---|---|---|
| マイコン | computer | マイクロコンピューター/微型计算机 |
| パソコン | computer | パーソナルコンピューター/个人计算机 |
| ファミコン | computer | ファミリーコンピューター/家用计算机 |
| スパコン | computer | スーパーコンピューター/超级计算机 |
| マザコン | complex | マザーコンプレックス/恋母情结 |
| ロリコン | complex | ロリータコンプレックス/洛丽塔情结 |
| リモコン | control | リモートコントロール/遥控 |
| バリコン | condenser | バリアブルコンデンサー/可变电容器 |
| トルコン | converter | トルクコンバーター/液力变矩器 |
| エアコン | conditioner | エアコンディショナー/空调 |
| ピアコン | concerto | ピアノコンチェルト/钢琴协奏曲 |
| ツアコン | conductor | ツアーコンダクター/导游 |
| ゼネコン | contractor | ゼネラルコントラクター/总承包商 |
| 生コン | concrete | 生コンクリート/预拌混凝土 |
| 合コン | conpany | 合同コンパ(コンパニー)/联谊会 |
| エキコン | concert | 駅コンサート/车站音乐会 |
| コンビーフ | corn(ed) | コーンビーフ/牛肉罐头 |
| コンスターチ | corn | コーンスターチ/玉米淀粉 |

## 各种各样的"コン"

如果只是"マイコン""パソコン"之类,现在很多人都知道这个"コン"是"コンピューター/计算机"的省略形式。可是我第一次在报纸标题上看到"スパコン"的时候,并没有马上想到那是"スーパーコンピューター/超级计算机"的省略形式。看到电车里的广告上写着大大的"エキコン/车站音乐会",我走近看说明,原来是指东京站内的大厅中举行的"コンサート/音乐会",是一个新造的词。

目前我知道的包含"コン"的缩略片假名词语有18个,认真找的话肯定还有更多。仔细想想,这个现象与很多同音汉字使用至今的情况有相似的一面。存在コン$_1$、コン$_2$、コン$_3$、コン$_4$……コン$_n$,每一个"コン"或是"コンピューター/电脑",或是"コンサート/音乐会",或是"コンデンサー/电容器",意思各不相同。

但是,这种同音假名与同音汉字有一个根本上的区别,那就是同音假名连字形也是相同的。汉字里有很多同音异义的字,如"金、根、昆、昏、恨、婚、困、混、痕、魂、今、紺、懇、墾、坤"等。这些字与假名外来语的造词要素"コン"相同,仅靠耳朵听无法区别意义。不仅如此,仅从"コン"这么一个发音根本想象不出任何具体形象,在这一点上两者也是完全等同的。

但是,一旦写成文字,汉字的同音字就会显现出各具特征的字形,而用假名书写的外来语即使写成文字也都是同一个"コン"。这么一来,几乎没有人能够理解多达18个"コン"的不同意义也是理所当然的吧。所谓"リモコン/遥控",是"リモート・コントロール"的省略形式,翻译自英语的 remote control,也就是在远处操纵对象物,即"遠隔操作/远距离操作"。能够搞清楚这个词的来历的人恐怕只有那些知识相当渊博的人,而普通人只是把"リモコン"整体作为一个词来理解并使用。从这个意义上来说,"リモコン"是一个不透明的词语。

同样的情况也见诸"プロ"。"プログラム/计划,程序""プロフェショナル/职业的""プロデューサー/制片人""プロダクション/制作""プロスティテュート/妓女""プロパガンダ/(带有政治意图的)宣传""プロレタリア/无产阶级""プロツェント/(德语)百分比""プロマイド/(ブロマイド之讹)明星照片"等,现在都已经省略成"プロ"。像"アジプロ/煽动宣传""プロレス/职业摔跤比赛"这样"プロ"与"アジテーション/煽动""レスリング/摔跤"等词组合造出的新词也层出不穷,这一点也与"コン"的情况完全相同。

片假名英语词的大量使用,造成了日本人之间相互沟通的障碍。而且现在学习日语的外国人正在激增,对这些人来说,片假名外来语比汉字还让人头痛。其原因有三:即使问日本人也搞不明白,几乎没有办法检索,与原来的英语意义不同。

## 五 语言干涉导致日语变形

### 日语很俗气？

片假名外来语为什么会被大量使用?这个问题可以说有各种各样的原因。前面已经说过,其中的一个原因就是:正好在限制汉字使用的时候,又碰上了英语教育的普及,而社会文化发展又需要相应的新词,片假名词语正好钻了这个空子。但是,我认为还有更深层的重要原因,那就是日本人对日语抱有一种毫无依据的、错误的自卑感,很多日本人到现在仍然觉得日语不行、很俗气、没有品位。在本书的最后,我想稍微讨论一下这个问题。

片假名外来语这个语言现象,我觉得是在日语与外语的接触中产生的一种语言相互干涉的问题。历史上没有任何一种语言能够独立存在,它们会因贸易、战争、宗教传播、移民进入等各种原因,与其他语言发生各种形式的接触。其结果就是借用词汇,或者语法上受到影响,甚至语音体系都会发生变化。非但如此,一种语言被外语彻底吸收、吞并的情况也并不罕见。

如今,片假名外来语的泛滥成为一个问题,而这不过是日语与外语,特别是与英语这种强势语言之间正在发生的大规模的语言干涉在词汇方面的一种表现而已[23]。事实上，在日语与英语之间还有更大的问题在发生。

## 杂志的名称

请大家看看下面这张表格。表中收录了一部分杂志、期刊的名称。这些杂志、期刊是在日本出版、为日本人办的，内容也全是用日语写的，封面上的名称却是外语。

**表13　使用英语名称的杂志、期刊的例子**

| [A] | Brutus | [F] | [I] |
|---|---|---|---|
| Ab-road | Bug News | Flash | INFORMATION |
| ACTRESS | BUSINESS ACTION | Flash Back 2012 | IN-Pocket |
| ALOHA EXPRESS | [C] | FM | [J] |
| angle | The Card | FM fan | JAZZ |
| Any | CAR SENSOR | FM STATION | JOYFUL |
| ASAHI Journal | C Day | Focus | [L] |
| ASCII | CG CAR GRAPHIC | FOOL'S MATE | Look |
| Aspect | Choice | Friday | [M] |
| Auto Sports | CITY RORD | [G] | Men's Club |
| auto technic | THE COMPUTER | GAG ACTION | Mil |
| [B] | COSMOPOLITAN | GOGGLE | Mine |
| Bacchus | Cycle Sounds | Gold | Model Graphix |
| Balloon | CYCLE WORLD | Gold Age | Money |
| Band People | [D] | Good Day | mono Business |
| BE·LOVE | DAYS Japan | Gulliver | MORE |
| BE·PAL | Dime | [H] | MOTO RIDER |
| BIGMAN | [E] | Helm | Motor |
| Big tomorrow | Eats | Hobby Japan | Motor Fan |
| The Bike | ECONOMICS TODAY | Holders | MUSIC MAGAZINE |
| BOX | English Express | Hot·Dog Press | my Passport |

(续表)

| [N] | [Q] | [T] | 附记 |
|---|---|---|---|
| NAVI | Quark | Tele PAL | [法语名称] |
| New type | [R] | THIS IS | Le cœur |
| Newton | ROAD RIDER | Touch | Marie Claire |
| New Walker | [S] | Trendy | Seine |
| Next | Say | T. Tennis | 25 ans |
| Number | She's | TV COSMOS | [德语名称] |
| [O] | Signature | TV station | Beruf |
| Off Road | Silvester Club | [V] | Etwas |
| OHM | Skier | Viva Rock | Spur |
| OLIVE | SKIING | ViVi | [拉丁语名称] |
| OMNI | Sophia | Voice | Esse |
| OPTION | SOUND TOPS | [W] | Sapio |
| OUT | Spa | Weeks | [希腊语名称] |
| Outdoor | SPORTS | Wheelie | Anthropos |
| [P] | SPY | will | |
| PAR GOLF | Stereo | Willful | |
| PC WORLD | Stereo Sound | Winds | |
| PETER | STYLING | With | |
| PLUS 1 | SUCCESS | Woman | |
| POP COM | SUPER SPORTS | Woodpecker | |
| POPEYE | SURFIN' LIFE | [Y] | |
| POP GEAR | Swing Journal | YOUNG GUITAR | |
| | Switch | Young Jump | |

可以看出，这张表中包含的出版物都直接或间接地与一些大机构有关，比如 NHK、日航、JR(日本国有铁路)、日本交通公社等半国营的大企业，读卖、日经、朝日等大报社，讲谈社、小学馆、新潮社、中央公论社等代表性的出版社，以及其他大企业。这些外国人肯定不会买，买了也读不懂的日语杂志，有什么必要起个甚至不是片假名词语

的外语(而且大多是英语)名称呢?

其实在很早以前,日本的很多期刊是在日语的正式名称下面用小字加上英语名称作为副标题。

然而近年来情况发生了急剧变化,日语和英语(外语)的地位逆转了,外语名成了正式名称,用大字写在封面上,日语名称则被删除了。其中也有像"朝日ジャーナル/朝日期刊"这样,把长年使用的日语名称原封不动地改成英语 *ASAHI Journal* 的。

除了日本,还有其他国家会有这种不可思议的风潮吗?给只有本国人读(读得懂)的出版物起一个未必人人都懂的外语名称放在封面上。如果有,那个国家肯定是其他某个国家的殖民地!

## 音响器材的英语标识

今年(平成元年,1989年)4月头上,朝日新闻的记者来我的研究室采访,说是想在近期以"音响器材为何英语标识泛滥?"为题做一个报道,想听听我对大量使用外语的风潮有何看法。

于是我回答道:"说出来你或许会不相信,我多年来观察日本人的言行举止,得出的结论是日本人自从明治初期以来始终在想着如有可能就把这不雅观的日语扔了,用一种更好的语言来取代日语。现在在日本社会中如洪水般漫延的片假名词语,以及外语的滥用,不过是这种思潮的一个表现而已。"那位记者露出似懂非懂的神色回去了。

几天后,附有我这个观点的那篇报道登出来了。果不其然,负责报道的那位记者在采访的各处,都遇到了印证我的想法的反应。

在这篇报道的中央大大地写着标题:

"厂商表示'形象最重要'

虽然也有希望用日语标识的声音,但无人响应"

报道认为出现这种情况的原因是:日本的代表性的音响器材制

造商都觉得,如果用日语标识,那就会显得粗俗,形象不雅,产品卖不出去。

## "用日语太土气"

记者首先采访了先锋,宣传科的人兴致索然地说:"卡拉 OK 设备用的是日语标识,但采用高科技的音响器材还是用英语标识更上档次。用日语显得土气。虽然也有人希望用日语标识,但是呼声不大,因为顾客群多为发烧友。将来怎样暂且不说,现状是很难改用日语。"

那么,最近正在积极地开发面向中老年的电器产品的夏普又怎样呢?记者抱着期待的心情过去采访,那里的主管科长也说:"音响是特别的。理应是英语标识,整个氛围就是这样。而且购买者绝大多数为年轻人,英语标识更受欢迎。音响器材是时尚感很强的商品,形象很重要。如果不用英语,而用日语标识,比如说'一発頭出し/瞬間选曲'之类的,可能会给人性能不佳的印象。"

索尼也强调"音响器材是形象商品",并表示"如果用日语,设计上就没有洋味儿。既然是形象商品,设计就有可能左右对音色的印象,不能做得土气……"

报道中还提到索尼和三洋电器开发了采用平假名标识、面向孩童的操作简便的系列商品,据说意外地受到老年人的欢迎。此外,在东京都消费者中心去年举办的意见征集活动中,针对音响器材的英文标识,不出所料收到了中老年人士呼吁使用日语标识的意见。

## 使用英语的理由

这篇新闻报道中只提到了音响器材。实际上我觉得,这篇报道所反映的企业对产品的看法和对日语标识持有的否定态度,也体现在其他商品领域,不,岂止如此,简直是贯穿于日本人生活的方方面面。

不过,我在这里暂且只针对这篇关于音响的报道做一个总结。制造商不在产品上使用日语标识的理由大致有以下几点:

一、日语不适合形象商品、具有时尚感的产品;

二、日语土气,没有洋味儿,设计没品位,甚至会导致顾客认为产品的性能低劣;

三、英语更上档次,受欢迎,所以卖得出去;

四、主要是年轻人喜欢英语标识。但是很多中老年人感到为难。

如上所示,在产品的名称或器材上的标识中直接使用英语的理由,说到底就是"用日语太土气,有损形象"。

## 香烟的名称

可以这么说,此前日本人为了尽可能不使用日语(汉字),把有点英语味儿的片假名外来语当作真正的英语的替代品,将就着使用到现在。可是突然有一天醒悟了:"没必要再这么做了!你也好,我也好,我们不都在学校里花了很多时间,吃了很多苦头学了英语吗?学过的东西拿来用有什么不对?何况如今正值国际化时代,不就是英语的时代吗?"这种心情或许人们自己还未察觉,但正在以年轻人为中心的全体民众中高涨起来。

在我的记忆里,最早有人面向社会提出"为什么日本的产品要使用外语"的质疑,是在日本专卖公社花高价聘请美国著名设计师重新设计外包装并发售国产纸卷烟"ピース(Peace)"的时候。

不好意思,资料有点陈旧了。7年前的专卖公社的宣传杂志『たばこと塩』/《香烟和盐》(这里也已经有字稍小的英语副标题 *Tobacco & Salt*)上,以"至此已有56个商标"为题,把该公社发售的所有香烟以漂亮的彩印登在对开页上。

从彩图来看,外包装上写着大而清晰的日语的只有"こもれび/叶隙阳光""雅/雅""峰/峰""わかば/新叶"4种,以及烟斗丝"飛鳥/

飞鸟"。其他名称都是英语、西班牙语、法语、不知是哪国语的外语，以及从日语名改写的罗马字。

如上，仅从外包装来看，56个品牌中只有5种主要使用日语商标。也就是说不到一成。在我眼里，这5种日语商标丝毫不显得土气，也看不出哪里损害形象。不知道这几种香烟的销售状况如何。

总之，我想说的是，在音响器材之前就已经有主要使用外语来命名和进行设计的商品领域。

## 轿车的名称

像这样，一旦我们把问题从片假名外来语发散开来，从外语如何直接被用于日本人的全部语言生活中的角度来重新审视日常生活的话，就会察觉到我们一直认为理所当然而未曾在意的外语的惊涛骇浪。

首先就是轿车。日本主要的轿车公司销售的几乎所有轿车，都在车身的某个地方印着英语（外语）名称。我从来没有在日本产的轿车的车身上看到过汉字或者片假名名字。

诚然，在日常生活中书写这些名称时，除了在商品目录以及广告里会用外语原文写，通常都是写成片假名，如"クラウン/丰田皇冠""セドリック/日产公爵""デボネア/三菱 Debonair""プレリュード/本田 PRELUDE""ルーチェ/马自达 LUCE"等。可是，我不得不惊叹他们竟然能从英语、意大利语、法语等语言中找来那么多外国名字。

可能有人认为：轿车的生产和使用本来就是以英语国家美国、英国为中心的，所以用英语名称并不奇怪，而且世界各地的轿车用的都是英语名称、英语车标。然而，在大部分国家，本国的轿车都是用本国语命名的，出口到国外去也仍然不变。

比如法国的轿车使用的就是法语名称"ルノー/雷诺（Renault）""プジョー/标致（Peugeot）""シトロエン/雪铁龙（Citroën）"，德国的轿车也用"フォルクスワーゲン/大众(Volkswagen)",即"国民車/国民车"这样土里土气的(?)的名字坦坦荡荡地销往世界各地。即使是在轿车生产方面较落后的苏联,使用的也都是用俄语字母书写的俄语名称,比如"ヴォルガ/伏尔加(Волга)""マスクビッチ/莫斯科人(Москвич)"。Москвич就是"莫斯科人"的意思,那么日本的轿车起个"江戸っ子/江户人"的名字,车标用汉字和假名混写也没什么不好。同样使用汉字的中国也在本国制造的轿车上大大方方地印着"上海""红旗"这样的汉字名称。

## 轿车零部件的名称

在轿车零部件的名称方面,日本用的也几乎都是片假名英语。法国表示"ドア/车门"的词是 portière,"ブレーキ/刹车装置"是 frein,"ヘッドライト/前照灯"是 phare,"ハンドル/方向盘"是 volant,"タイヤ/轮胎"是 pneu,全都是纯粹的法语。

有趣的是,前面列举的这些日语的轿车零部件名称,大半都是与正确的英语名称不对应的和制英语。"ハンドル/方向盘"英语一般说 wheel,"ヘッドライト/前照灯"一般说 headlamp,"フロントガラス/前挡风玻璃"一般说 windshield(windscreen),"バック・ミラー/后视镜"一般说 rearview mirror。跟人家说 handle 什么的,在国外也没有人听得懂。也就是说,这些都只不过是和制片假名英语罢了。使用英语名称既不是因为觉得整个世界以美国为中心,所以轿车就理应用英语名称;也不是出于现在是国际化时代,使用英语的零部件名称更便利的考虑。这也只不过是日本人自以为日语没品位、土气、不时尚的一种表现。

第五章　汉字不为人知的功能（2）——视觉性辨别要素的必要性

## 日语名称的轿车

就我所知，使用日语名称的轿车只有"スバル/斯巴鲁""アスカ/阿斯卡""カムリ/凯美瑞"三款。与前面的香烟的情况相同，这在所有日本制造的轿车中占的比例应该是极小的。而且也绝不会用汉字或假名把这些车名印在车身上。可能是由于这个原因吧，很多年轻人并不知道这些是日语名称，甚是可笑。我甚至会有些刻薄地想，正因为不被认为是日语，这几个名称才能一直用下来。

"スバル"是"昴"，以前叫作"六連星/六连星（昴宿星团的别名）"，是位于金牛座的星团，由肉眼可见的六颗星聚集而成。这个名称源于六家公司合并成如今的公司这样一段历史。但是，似乎大部分年轻人既不知道昴宿星团，也不了解公司成立的历史，稀里糊涂地将其看作外语。

"アスカ"本来是"飛鳥"，但因为常常用片假名书写或用罗马字写作 Aska，就有了点外语的味道。不过，从这一章的主旨来说，最有趣的是"カムリ"。据我调查，所有人都认为这是外语，然而，它其实是"冠"。丰田自从"二战"后发售"クラウン（王冠）/皇冠（CROWN）"以来，就使用了一系列与皇冠有关的轿车名称，如"コロナ/科罗娜（CORONA）""カローラ/卡罗拉（COROLLA）""カリーナ/卡丽娜（CARINA）""クレスタ/基先达（CRESTO）"等。在美国销售的丰田车有一款叫"ティアラ/Tiara"，也是皇冠的一种。

只不过外语里有关皇冠的词语也并不是无穷无尽的，于是据说就有聪明人提议使用日语的"冠"。但如果用"カンムリ"的话，马上就会知道是日语，那可不行。于是就用了另一个词形"カムリ"，这是"冠"的古语词形。但这个词如果直接用罗马字拼写成 Kamuri 的话，又显得外语味儿不够，于是就成了 Camry。果然，很多日本人没想到"カムリ"是"冠"，以为是什么外语，于是这个品牌战略大获成功。

## 日本人的心理

也就是说,与音响、香烟一样,轿车也是不用外语名称和标志就没有人气。前面提到过,相关人上认为形象商品、时尚商品用日语就显得土气,卖不出去。这样看来,在经济高速发展期之后的大众消费时代,几乎所有的产品都是形象商品,要追求时尚。因此,洗衣皂也好,卫生纸也好,甚至连马桶都必须提升形象,强调时尚感,才能畅销。于是,所有的商品只要用了日语名就粗俗、没洋味儿、土气,最后身边所有的东西的名称都是英语或其他外语。

洗衣液"アタック/洁霸(Attack)"大卖特卖,电饭煲叫作"ジャー"(jar),水壶叫作"ポット"(pot),马桶叫作"シャワレット"(shower 与 toilet 的组合),面巾纸叫作"ティシュー"(tissue paper 之略),洗碗机叫作"ディッシウォッシャー"(dish washer)。此外还有"オーブン(天火)/烤炉""トースター(パン焼き機)/烤面包机""ケトル(やかん)/烧水壶""キチン(台所)/厨房"等,数不胜数。不得不说,外来语的滥用和外语的泛滥都是出于同一个原因,都是日本人认为在日英(外)语言战争中日语败北了的心理在作祟。

## 也有回摆的现象

毋庸置疑,语言的社会性变化与非常复杂的各种要素有关,日语的英语化也绝不是单向地、不可逆地一路畅行。既有片假名英语再次回归日语的回摆现象,也有与整个潮流唱反调的复古主义的势力部分增强的现象。

比如,日本白酒曾一度被洋酒打压得卖不出去。业界想要促进消费,于是把"焼酎"这个给人古旧且廉价印象的名称改为"ホワイトリカー"(white 与 liquor 的组合),把酒瓶换成四角方瓶,指望恢复人气。尽管如此,销路仍然不行。然而过了几年,白酒仍旧用着这个古旧的名称"燒酎",却突然销量暴增。

恢复人气的原因,是年轻人开始喜欢劲头足且味道清淡的酒,还有就是价钱便宜。

但是从语言学的立场来看,还有一个不可忽视的原因:由于拥有古老传统的白酒文化一度沉寂,"燒酎"这个词语本来带有的"下层人在某个脏兮兮的地方喝的便宜酒"的印象,年轻人已经感觉不到了。

我的感觉是,在洋酒全盛时代,在洋风名称的洪流中,"燒酎"这两个字反而显得新鲜,于是招来了人气。而一旦有了人气,就必然会产生和洋混合语,于是有了"チューハイ(燒酎ハイボール)/白酒兑苏打水饮料"。还有一个白酒品牌在电视广告中让外国艺人说"shot you"这样的宣传语,巧妙地利用了英语的谐音。

在外语泛滥的环境中,和语和汉语反而显得新鲜。利用这种心理的商品还有吸尘器"風神"、空调"白熊"、洗衣机"渦潮""静御前"等。

最近在电脑软件领域陆续登场的"一太郎""花子""溜五郎""松""松茸"等日语名称,也大多包含谐音或语言游戏的成分,努力吸引人们的注意。

可以说,在原本外语名称唱独角戏的商品领域,日语名称和汉字终于开始复活了。但是,我感觉整体的潮流毫无疑问仍然是朝着英语(外语)化的方向发展的。

**注**

(1)欧洲诸语言的人称代词几乎都是单音节词,也是因为使用频率高。

(2)仅由元音构成的音节,一般认为在元音前面有喉头封闭,因此也被看作CV构造。

(3)本表内容参照了『言語学大辞典』第二卷(三省堂,1989年)p.1198的表。

(4)本表内容参照了楳垣実『日英比較語学入門』(大修館書店,1978年)p.153的表。表中没有出现6和7的例子,the和spa可作为例子。

(5)很有可能相当一部分曾经存在过的和语固有词,由于汉字词的大量使用而湮灭了。但是，即使理论上能够假定曾经有足够多的和语词，也仍然不影响我在这里提出的观点的正当性。因为既然在音韵、音节数量上有这样的限制，那么可以说日语与英语、德语相比，甚至与朝鲜语相比，短音节词的数量要少得多。

（6）Charles Bally, *Linguistique générale et linguistique française*, 1932.

（7）与英语的 wear 很相似。可参照『ことばと文化』pp.101—103。

（8）在 E. Leisi, *Der Wortinhalt*, 1953里，把这种差异称为 rational 与 expressiv 的对立。可参照该书的日译本，铃木孝夫译『意味と構造』（讲谈社学术文库，1994年）p.174。

（9）参照铃木孝夫「日本語基礎語彙の抽象性と漢字」『慶応義塾大学言語文化研究所紀要』第一七号，1985年。

（10）参照村井实译『アメリカ教育使節団報告書』（讲谈社学术文库，1979年）p.56等。

（11）当然不是说只有"なく""なる"，还有"さえずる""すだく""ほえる"等，但这些场合也都可以用"なく"。另外，"音がひびく"也可以说成"音がなる"。

（12）表示家畜的词汇数量的差异便是其中一例。

（13）这是朝鲜语、土耳其语也具有的性质。

（14）我认为，这与日本几乎没有文盲这一事实之间存在关联。尽管有教育普及等语言之外的原因，但在现代日本，如果不识字，几乎不可能过一般的社会生活。与此相比，在美国等国家，据推算现在文盲率仍然有10%，即使考虑到贫困阶层的存在等社会性因素，这仍然显示出英语等语言对文字的依赖度很低。

（15）欧洲诸语言也并非完全不利用视觉信息。从前的花体字、现在使用的大写字母以及斜体字，还有现代诗使用的视觉押韵（eye rhyme）等，都是视觉信息。但是没有像日语这样用于区别意义的。

（16）这条法律以 Red Flag Act 的名称为世人所知，但其正式名称是 Locomotive Act。制定于1865年，废止于1896年。

（17）动物心理学家渡边茂教授告诉我，从感觉细胞的数量上来说，听觉仅为视觉的万分之一到千分之一。

(18) 参照第四章注(12)的文献。
(19) 参照前面提到过的『閉ざされた言語・日本語の世界』的第二章。
(20) 这些词照例来自希腊语、拉丁语。"アジアンタム/掌叶铁线蕨"意为"濡れていない/没湿的","オーニソガラム/虎眼万年青"意为"鳥の乳/鸟乳",都是希腊语。而"ラナンキュラス/毛茛"意为"小蛙/小青蛙",是拉丁语。
(21) 福田恒存『国語問題論争史』新潮社,1962年。
(22) 村井实译『アメリカ教育使節団報告書』讲谈社学术文库,1979年。
(23) 铃木孝夫「言語干涉から見た国際英語——日本語の英語化、英語の日本語化——」『慶応義塾大学言語文化研究所紀要』第一五号,1983年。

# 后记

我国从明治初期开始,举国学习吸收西欧发达国家的文化、文明。这份努力有了结果,那便是我国现在极为繁荣的面貌。但是这种以西欧为唯一追赶目标的世界观,也很不必要地向日本人灌输了对本国语言的否定看法。

西欧文明确实具有许多其他文明所不具备的优秀之处,但整体来说它并不是最接近人类普遍的理想状态的文明。最近常常听到有人说日本是特殊的。所谓特殊,其实西欧也与日本一样,虽然类型不同,但它本身也同样是特殊的。除去不容易受社会、文化语境影响的自然科学的知识领域,人类距离真正的普遍性认识还很遥远。

如今,人类的经济活动已达到全球规模,世界成为一个交流圈,我再次感觉到我们有必要进一步认识作为社会和文化实体的每一个民族文化集体所具有的特殊性。因为如果不这样做,我们就探求不到人类的普遍性状态和今后地球文明的前进道路。从这个意义上来说,如果本书能够让大家更加深刻地认识到,理解外国的语言和文化要比理解并引进科学知识和技术困难得多,则本人荣幸至极。

在本书的撰写过程中,我一如既往地得到了多方人士的指教。特别是我的同事,法语学者松原秀一教授多年来为我提供重要的信息,还发掘了很多难得的资料,他的竭诚相助对本书的完成所起的作用是难以估量的。还有我的同事山本晶、高宫利行两位教授以及上智大学的泉邦寿教授等为我提供资料,给予了我很大的帮助。

最后再说一下本书所用的文字。我主张发挥汉字的优势,出于这个立场,用了较多汉字,为了便于据称有强烈脱离汉字倾向的年轻人阅读,较难的汉字第一次出现时,我都特意标上了注音假名。同时我想这样也为最近突然增多的阅读日语文献的外国读者提供了方便,因为知道了汉字(词)的读音,就能够查阅现在发行的国语词典。

另外,如果可以的话,我希望各位能一并读一读我之前写的书《语言与文化》(『ことばと文化』岩波新书),这本书可以让您更好地理解我在本书中所谈的想法。

平成元年(1989年)十二月
铃木孝夫